어떻게 **번역**할까?

영어번역 이론과 실제

김현숙 지음

신아사

머리말

필자가 영문과에서 〈번역의 이론과 실제〉라는 과목을 가르친 지 벌써 10여 년이 넘었다. 번역학을 전공하지는 않았지만 소설과 이론서를 번역하면서 느낀 점을 학생들과 함께 나누고 싶기도 했고, 또 영문과 학생들에게 실무적인 과목을 가르쳐야겠다는 의무감 내지 책임감도 느껴서 이 과목을 개설하고 강의하게 되었다. 이 강의에서는 기본적인 번역 이론을 공부한 후에, 실제 번역에서 범하기 쉬운 과오들을 살펴보았고, 다양한 텍스트를 번역해 보는 것을 목표로 하여 영상, 동화, 실무, 시사, 소설 등의 한역과 영역을 실습하였다.

이렇게 강의를 하면서 좋은 이론서와 실습서를 참고하고 도움도 많이 받았다. 그러나 필자의 강의 목표나 성향과 딱히 일치하는 한 권으로 된 교재를 찾기는 쉽지 않았다. 번역학 전공자의 저서는 영문과 학부생에게는 너무 학문적이었고, 분석한 예문이 영어가 아닌 다른 언어로 구성되어 있어 낯선 점이 있었다. 영문과 학생을 대상으로 한 실습 위주의 저서는 예문을 번역하는 실습에만 치중되어 번역방법론에 대한 논의가 부족했다. 이 점을 극복하고자 필자는 번역학 전공자가 아니라는 부담을 안고서 교재를 내게 되었다.

이 책의 1부에서는 처음으로 번역에 관심을 가지게 된 영문과 학생들을 위해 번역의 기본적인 개념과 이론을 간단히 설명한 후, 실제로 번역을 하면서 일어날 수 있는 다양한 실수나 오류 등을 소개한다. 2부와 3부에서는 영어를 한국어로, 한국어를 영어로 번역하는 다양한 실습을 통해 번역에 대한 기초적인 이해를 돕는 것을 목표로 했다.

번역 이론에 대해서는 여러 번역학자들의 저서에서 도움을 받았다. 특히 인터넷에 공개되어 있는 인터넷 강의는 기초적이고 실제적인 이해에 큰 도움을 주었다. 실제 번역의 문제점과 주의할 점에 대해서는 안정효의 『영어 길들이기』에서 많은 영감을 얻었음을 밝히고 감사드린다.

2016년 봄

저자

목 차

1부
번역의 이론

2부
영한 번역의 실제

3부
한영 번역의 실제

* 부록

1부

번역의 이론

1장 번역의 이론

1. 번역은 무엇인가?

인간은 아주 오랜 옛날부터 서로 자원과 정보를 공유하면서 발전해왔다. 한 국가나 사회가 보유하고 있는 자원과 정보가 불충분할 경우에 그것을 해결할 수 있는 가장 손쉽고 즉각적인 방법은 그 자원과 정보를 가진 다른 국가나 사회에서 그 자원과 정보를 수입해서 부족한 것을 보충하는 것이다. 이렇게 자원과 정보를 수출하고 수입하는 과정에서 정보를 수출하는 국가나 사회와 정보를 수입하는 국가나 사회의 언어가 다를 경우에 반드시 필요한 것이 번역(Translation)[1]이다.

자원과 정보는 문화적으로 수준이 높은 곳에서 낮은 곳으로 흐르는 것이 일반적이다. 번역학에서는 전달할 자원과 정보를 소지한 국가나 사회, 문화권의 언어를 출발언어(Source Language, SL), 자원과 정보를 수용하는 국가나 사회, 문화권의 언어를 도착언어(Target

1) 구어 형태로 이루어지는 의사소통 행동을 통역(Interpretation), 문어 형태로 이루어지는 행동을 번역(Translation)으로 정의하며, 이를 통틀어 번역이라고 한다. 이 책에서 "번역"이라는 개념은 문어적 번역을 의미하는 경우도 있고 구어적 통역과 문어적 번역을 포함하는 포괄적 개념으로 사용되기도 할 것이다.

Language, TL)라고 한다. 출발언어로 이루어진 원문을 출발텍스트(Source Text, ST), 도착언어로 이루어진 번역문을 도착텍스트(Target Text, TT)라고 한다.

번역은 소통을 원하는 사람들이 서로 다른 언어권에 속해 있을 때 이들의 소통 행위를 중개하는 역할을 한다. 이 중개 과정에서 한 언어로 표시된 메시지의 총제적인 정보는 다른 언어로 온전히 전달되어야 한다는 것이 번역의 기본적인 전제이다. 중개과정에서 전혀 다른 두 언어의 상대성 때문에 두 당사자 간에 의사소통이 어려운 경우가 필연적으로 발생하기 마련이지만, 이러한 어려움을 완화시키면서 최대한으로 소통을 가능하게 만드는 노력이 필수적으로 수반되어야 한다. 이 역할을 담당하는 사람들이 번역자[2]이다.

번역자는 메시지 생산자(출발텍스트의 저자)가 사용하는 언어로 이루어진 메시지를 받아들여 메시지 소비자(도착텍스트의 독자)가 이해할 수 있는 언어로 바꾸어 메시지를 전달한다. 이때 단순히 언어를 바꾸는 것만으로는 올바른 의사소통을 성취할 수 없다. 언어는 문화와 긴밀하게 연결되어 있기 때문이다. 따라서 번역자는 언어와 문화라는 두 층위를 동시에 중개해서 다른 언어 간, 다른 문화 간의 의사소통을 가능하도록 만들게 된다.

번역의 가장 중요한 역할은 번역문에 부여된 사명을 적절하게 완

---

2) "translator"에 대해서는 번역사, 번역자, 번역가 등 다양한 번역이 이루어져 있다. 정호정(60)은 번역자는 전문적 자격이 없이 번역을 하는 사람, 즉 일반적으로 번역하는 사람을 칭하고, 번역사는 전문적인 훈련을 거치고 번역을 직업으로 가진 사람, 번역가는 번역가로서의 전문훈련은 받지 않았지만 번역언어에 대한 상당한 수준의 능력을 가진 사람으로 구분하여 번역한다. 이 책에서는 대체로 번역자라는 용어를 사용할 것이다.

수하는 것이다. 다시 말하자면 번역문이 도착문화권에서 주어진 역할을 제대로 수행할 수 있도록 번역하는 것이 가장 중요하다는 것이다. 이를 위해 번역문은 도착언어권에서 필요로 하는 정보를 자연스럽고 이해하기 쉬운 도착언어로 재구성해야 한다. 말하자면 번역 작업은 출발언어권이 아니라 도착언어권에 더 충실해야 한다는 것이다.

결론적으로, 번역의 결과물은 충실성(Fidelity)과 가독성(Readability)을 동시에 가져야 한다. 충실성은 번역문이 원문의 의미를 정확하고 충실하게 전달하고 있는가를 검증하는 기준이며, 가독성은 번역문이 도착언어 독자에게 자연스럽고 쉽게 이해되는지를 점검하는 기준이다. 이 두 기준이 충족되었을 때 원문과 번역문이라는 두 텍스트 사이에 등가(Equivalence)가 이루어졌다고 본다.

2. "해석"과 번역의 차이

한국 학생들은 영어를 배우기 시작한 순간부터 영어를 우리말로 '바꾸는' 행위, 다른 말로 하자면 '해석'을 해왔다고 생각한다. 따라서 많은 한국 학생들은 자신이 '번역'에 익숙하다고 생각하는 경향이 있다. 영어 수업 시간에 영어 문장을 한글 문장으로 바꾸는 작업을 한 것이 바로 '번역 행위'라고 생각하기 때문이다. 그러나 학생들이 영어 수업 시간에 한 작업은 '번역'이 아니라 좁은 의미의 '해석'[3]이다. 좁은 의미의 '해석'은 다른 말로 하자면, '교육적 번역'(educational

3) 여기서 말하는 해석은 우리가 수업 중에 영문을 이해하는 방식을 의미하며, 번역학이나 언어철학에서 말하는 해석(interpretation)과 구별된다.

translation)이다. 학생들은 영어 수업 시간에 주어진 텍스트를 이해하거나 우리말로 바꾸는 '해석'을 하면서 출발어인 영어의 언어구조, 문법, 어휘를 그대로 따르려고 노력한다. 이처럼 해석을 할 때는 출발텍스트의 고유한 언어 운영 방식을 더 중요시하기 때문에 해석의 결과물은 원래의 텍스트를 자구적으로 옮겼다는 인상을 준다. 이렇게 출발언어에 더 충실하다는 점에서 해석은 번역과 다르다.

번역 행위를 할 때 번역자는 출발텍스트를 이해하기 위해서 출발언어의 언어구조, 문법, 어휘에 능통해야 한다. 그러나 막상 번역문을 생산하는 과정에서는 번역자는 출발텍스트의 언어적 특성을 해체하면서 의미만을 포착해야 한다. 번역자는 이 의미를 도착언어의 언어구조, 문법, 어휘에 맞도록 적절하게 재현해야 한다. 이렇게 번역은 도착언어에 더 충실하다는 점에서 해석과 다른 특징을 보인다. 출발텍스트의 언어구조를 최대한 유지하는 해석과 달리, 번역은 출발텍스트에서 원래의 언어구조를 해체하고 의미만 추출한 채, 추출된 의미를 도착어로 된 새로운 텍스트로 재현하는 작업이다. 따라서 번역은 창조적 활동이기도 하다. 거칠게 말하자면, 해석은 출발텍스트를 자신이 이해하기 위해 분석하는 작업에 가깝다면, 번역은 출발텍스트를 남들이 잘 이해하도록 재창조하는 작업이다.

한편 우리는 '직역'과 '의역'이라는 말을 자주 사용한다. 학생들은 흔히 자신이 하는 해석, 즉 출발텍스트의 언어구조와 어휘구조를 드러내는 교육적 번역을 직역으로 생각한다. 또, 출발어가 아니라 도착어에 충실한 번역문, 즉 자연스러운 도착어로 재현된 번역을 의역이라고 여긴다. 그래서 번역과제를 받은 학생들은 종종, "직역을 할까요? 아니면 의역을 할까요?"라고 되묻는다. 이 질문에 나는, "좋은 번역을 하시오."라고 대답할 수밖에 없다.

일부 번역학자들은 번역의 종류를 정의하면서, 출발언어의 구조나 문법의 흔적을 많이 보여주는 번역을 직역체 번역, 출발어의 흔적을 찾을 수 없고 도착어의 자연스러운 언어구조를 드러내는 번역을 의역체 번역으로 구별한다. 이들의 이론을 근거로 예로 들어보자. 직역(축어적 번역 literal translation)은 형태중심(form centered) 번역이다. 번역문을 보면 출발어의 품사를 따르는 경향이 두드러지며, 출발어와 도착어의 관계가 대체로 단어 대 단어의 번역으로 드러난다. 예로, "He said it was important that we should follow the rule."을, "우리가 규칙을 따르는 것이 중요하다고 그가 말했다."라고 번역하면 직역체 번역이라고 할 수 있다. 의역체 번역은 내용중심(content centered)의 번역이다. 대체로 번역문에서 출발텍스트의 문법구조나 어휘를 찾을 수 없으며, 단지 원래의 의미를 전달하고 있다는 것을 알 수 있다. 예로, "A bird in the hand is worth two in the bush."를, "남의 돈 천 냥이 내 돈 한 푼만 못하다."로 번역할 수 있다.

그러나 직역과 의역 중에서 어느 번역이 올바른 것인지에 대해서는 딱 잘라 말하기 어렵다. 원문과 번역문의 성격, 혹은 번역의 목적에 따라서 원문의 언어구조를 그대로 따르는 직역이 더 좋은 번역일 수도 있고, 자연스러운 도착어에 충실한 의역이 더 좋은 번역일 수도 있다. 직역과 의역의 구분에 집착하기보다는 원문을 충실하게 옮기면서 자연스러운 도착어로 표현하려고 노력해야 한다. 즉 오역이나 어색한 번역과 같은 나쁜 번역을 지양하면서 원문에 충실하고 자연스러운 도착어로 표현되는 좋은 번역을 지향하도록 해야 할 것이다.

3. 번역자의 역할

번역자는 서로 다른 두 개의 언어에 숙련된 자로서, 이 다른 두 개의 언어공동체에 속해 있는 단일언어 사용자들의 소통을 도와줄 수 있는 존재이다. 서로 다른 언어공동체 구성원 간의 원활하고 성공적인 의사소통을 완수하기 위해 번역자는 언어능력 뿐 아니라 여러 준비와 자질이 필요하다. 레더러(Marianne Lederer)가 제시한 번역자의 자질을 더 구체적으로 살펴보자.

1) **출발어 구사력**(Command of the source language)

번역자는 외국어에 대한 뛰어난 구사력을 갖추어야 한다. 근본적으로 출발어 구사력은 의식적으로 학습하고 노력해야 하는 능력이다. 그러나 번역자는 이렇게 일반적으로 학습을 통해 성취할 수 있는 능력 뿐 아니라, 외국어 표현의 뉘앙스와 미묘한 차이를 이해하고 적절히 구사하는 직관적인 능력까지 갖추어야 한다.

2) **모국어 구사력**(Command of one's native language)

번역자는 모국어의 문법, 어휘, 관용적인 표현에 대한 상당한 지식을 갖추어야 하며, 모국어의 정확한 어법과 용례를 익혀서 적절한 모국어 구사력을 지녀야 한다. 모국어는 잘 알고 있는 것이라고 착각하는 법이 많은데, 모국어 역시 공부를 소홀히 하지 않는 것이 중요하다.

3) 주제지식과 배경지식(Subject matter knowledge and background knowledge)

주제지식은 주어진 텍스트에 대한 전문지식을 말한다. 번역자는 해당 텍스트의 전문가에 비해 주제지식이 모자랄 수 밖에 없으므로 좋은 번역을 하기 위해서 번역을 하기 전에 많은 연구와 공부를 하여 주제지식을 쌓아야 한다. 또한 텍스트 번역은 언어의 번역에 그치지 않고 문화의 번역까지 포함하기 때문에 번역자는 탄탄한 배경지식을 갖추도록 노력해야 한다.

4) 번역방법에 대한 지식(Command of translating methodology)

번역자가 다양한 번역방법을 숙지하고 있으면 번역독자의 텍스트 이해가능성 내지 이해용이성(Intelligibility/accessibility)을 더 높일 수 있는 번역을 할 수 있다. 그러므로 번역자가 번역방법에 대한 이론적 지식을 갖추고 있는 것이 중요하다.

쿠스마울(Paul Kussmaul)과 노르트(Christiane Nord)도 레더러와 마찬가지로 번역자의 자질로, 양대 언어 구사력, 지식 기반, 통역 · 번역 방법론에 대한 지식을 제시하면서, 덧붙여서 양대 문화 중개 능력을 포함시키고 있다. 이들 학자들의 견해를 종합해서 번역자의 역할을 정리하면 다음과 같다.

번역자는 출발텍스트를 대할 때 그 텍스트의 외적 언어적 구성보다는 그 텍스트의 기저에 있는 의미를 더 중요하게 고려해야 한다. 또한 번역자는 출발어의 언어 구조와 표현보다는 출발텍스트에서 도출한 의미를 어떻게 새로운 도착어로 잘 재현할 것인지를 더 심각하게 고려해야 한다. 즉, 번역자는 출발어의 언어적 표현과 관용적 표현보다는 도착어의 언어적 표현과 관용적 표현에 더 비중을 두어야 한다. 따라서 충실한 번역자는 일반적으로 다음과 같은 점에 유의하여야 한다.

1) 번역자는 출발텍스트에 대한 적극적인 분석과정을 통해 출발텍스트를 최대한 이해하여야 한다. 번역자는 저자가 말하고자 하는 것, 즉 텍스트의 의미를 제대로 이해하고 도출해야 하며, 그러기 위해서 언어 지식뿐만 아니라 언어 외적 지식, 즉 배경지식도 가져야 한다.

2) 번역자는 자신이 이해한 의미를 번역독자, 즉 도착언어권 독자들의 이해용이성을 고려하여 적절한 도착어로 재구성하고 재표현하여야 한다. 번역자는 도착어에 충실해야 하며 따라서 모국어 표현 능력을 계발하는 것이 중요하다. 출발어를 지나치게 의식할 경우 어색하고 부자연스러운 도착어 표현을 쓰게 되므로 주의해야 한다.

3) 번역자는 도착어권 독자에게 충실하여야 하므로, 출발어 텍스트를 도착어권 독자에게 이해시키기 위해 도착어권 독자들의 눈높이에 맞추는 노력을 해야 한다. 출발텍스트에서 소개되는 문화적 지식과 도착어권 독자의 배경문화 지식이 간극이 있을 경우에는 도착어권 독자의 이해용이성을 최대한 높일 수 있는 방식으로 중개하여야 한다.

● 번역사 자격증

번역하는 사람을 번역자, 번역가, 번역사라고 다양하게 호칭하지만, 더 세밀히 따진다면 번역자격증을 부여받은 사람을 번역사라고 한다. 우리나라에서는 국가가 공인하는 번역 자격증은 없지만 여러 민간단체들이 일정한 기준으로 번역사 자격증을 부여하고 있다. 번역사 자격증은 일정한 시험을 치른 후에 부여된다.

A 기관의 경우 한역은 인문, 사회, 경제경영, 과학기술 영역으로 나눈다. 시험은 주관식 문제로 출제되며, 평가는 번역속도, 표현력, 정확도 등 전체적인 번역완성도를 평가한다. 최고 자격인 1급에서 최하 3급까지 나누어진다.

B 기관의 경우도 주관식 필답고사를 통해 원문의 이해력과 내용의 일관성, 번역문의 의미의 명확성, 표현의 창의성 등으로 평가한다. 완벽한 번역인 경우에 1급, 번역이 제대로 진행되지 못한 경우 9급 등으로 나누어 자격증이 부여된다.

국제적으로는 국제번역가 연맹(The International Federation of Translators)에서 번역가 헌장(The Translator's Charter)을 발표하여 번역가의 권리와 의무를 제시하고 있다.

4. 번역 언어

번역자는 기본적으로 출발어와 도착어 두 언어에 대한 출중한 능력을 보유하고 있어야 한다. 번역자는 기본적으로 외국어인 출발어에 대한 구사 수준을 향상시키기 위해 꾸준히 노력해야 하며, 모국어인 도착어의 표현력을 뛰어난 상태로 유지하도록 노력해야 한다.

번역자가 바람직한 번역을 할 수 있는 기본적인 번역 방향은 대체로, "모국어로의 번역"(Inbound interpretation/ translation)이다. 즉 번역을 할 때 외국어를 출발어로 삼으면서 모국어를 도착어로 삼는 것이 일반적이고 적절한 번역방향이다. 번역 언어는 대체로 다음과 같이 분류된다.

1) A언어

번역자의 모국어,[4] 또는 번역자가 모국어와 동일한 수준으로 구사할 수 있는 언어가 A언어이다. 능동언어라고도 한다. 번역을 할 때 도착어로 A언어를 사용하는 것이 가장 적절하다. 간혹 A언어가 두 개인 사람이 있는데, 이런 경우를 "진정한 이중언어자"(true bilingual), 혹은 "Double A"라고 한다.

2) B언어

번역자의 모국어가 아니고 외국어이지만 번역자가 의사 전달을 완벽하게 할 수 있는 언어가 B언어이다. 따라서 B언어는 도착텍스트에서 표현 언어로 사용될 수 있다. 좋은 번역을 하기 위해서 번역자는 외국어인 B언어를 거의 모국어 수준으로 구사하기 위해 끊임없이 노력해야 한다.

3) C언어

번역자가 완전하게 이해할 수는 있지만 표현하기에는 한계가 있는 언어가 C언어이다. 수동언어라고도 한다. 번역자는 C언어를 도착어로 표현하기보다는 출발텍스트에서 단어, 문장 구성,

---

4) 모국어는 환경에 의해 자연 습득 되는 언어이다. 흔히 모국어를 사용할 때는 자신의 생각에 언어를 맞추고, 외국어를 사용할 때는 언어에 생각을 맞춘다고 얘기된다.

숙어의 뜻을 이해하는데 노력을 집중해야 하는 언어로 사용한다. 번역자가 C언어를 A언어로 번역하는 것은 바람직하지만 A언어를 C언어로 번역하는 것은 바람직하지 않다.

● 능동언어와 수동언어

번역언어는 능동언어와 수동언어로 분류되기도 한다. 능동언어는 번역사가 전문적인 번역 서비스를 제공하면서 도착어로 사용하는 언어이다. 수동언어는 전문적인 번역 서비스를 제공할 때 출발어가 되는 언어이다. 한국어 사용자가 영어 텍스트를 한국어로 번역할 경우에 영어는 출발어이며 수동언어이며 한국어는 도착어이며 능동언어이다.

● 특수언어(regime speciale/exotic language)

언어사용자의 수가 적은 지역언어를 특수언어라고 한다. 사실 영어를 포함한 몇 개의 언어를 제외하고 한 국가에서만 사용되는 거의 모든 언어가 특수언어이다. 7천만 정도의 인구가 사용하는 한국어도 특수언어에 속한다. 이런 특수언어의 경우에는 현실적으로 번역언어의 규칙이 적용되기 힘들다. 따라서 번역 현장의 현실적인 상황으로는, A언어에서 B언어, B언어에서 A언어로의 양방향 번역이 이루어지고 있다. 또 C언어를 A언어로 번역하는 것이 바람직하지만 A언어를 C언어로 번역하는 일도 현실적으로 일어난다. 이 때는 필수적으로 번역문에 대한 원어민의 감수를 거쳐야 한다.

5. 번역의 역사

번역의 역사를 서양을 중심으로 간단히 살펴보자. 인간의 역사에서 문명이 형성되면서 상대적으로 더 발전된 문화가 상대적으로 더 야

만적인 지역으로 전파되는 과정에서 필연적으로 번역이 동반되었다. 기록으로 보면 이집트 고왕국 시대인 기원전 3천 년에 번역이 시작된 것으로 추정된다.

현존하는 최초의 번역문은 70인역 구약성서인 『셉투아진트』(*Septuagint*)이다. 이집트 왕 프톨레마이오스(Ptolemy) 2세가 히브리어로 된 구약성서를 그리스어로 번역시킨 것이 『셉투아진트』이다. 로마 시대에는 키케로(Marcus Tullius Cicero, B.C. 106-43)가 그리스어로 쓴 호메로스(Homer)의 『오디세이』(*Odyssey*)를 라틴어로 번역했다. 성 히에로니무스(St. Jerome, 340-420)와 성 아우구스티누스(St. Augustine 354-430)는 성경을 라틴어로 번역했다.

중세의 유럽에서는 종교적인 필요성 때문에 수도사들이 집단번역을 하는 경우가 주를 이루었다. 스페인에서는 교회가 번역원을 설치해서 종교적인 서적을 스페인어로 번역하는 작업이 활발하게 이루어졌다. 독일에서는 종교개혁이 진행되는 과정에서 마틴 루터(Martin Luther 1483-1546)가 라틴어 성경을 독일어로 번역하였다. 이를 시발로 해서 영국, 프랑스 등에서 성경을 개별 민족어로 번역하는 작업이 활발하게 진행되었다.

번역 활동은 근대에 이르러서야 종교적인 영역을 벗어나 고전 명저를 번역하는 영역으로 확대되었다. 고전 명저 번역의 지침을 제시한 인물로 18세기 영국의 대 시인인 존 드라이든(John Dryden, 1631-1700)을 들 수 있다. 드라이든은 라틴어로 쓴 『오비디우스 서한집』(*Ovid's Epistles,* 1680)을 영어로 번역하면서, 서문에서 번역을 직역(metaphrase), 의역(paraphrase), 모방(imitation)으로 나누어서 가치를 평가했다. 드라이든은 가장 바람직하고 균형 잡힌 번역은 의역으로,

양극단을 이루는 직역과 모방의 중간이라고 설명했다. 드라이든은 특히 번역자는 원작자의 정신과 생각을 신성하게 여기고 침범하지 않을 것을 강조했다. 드라이든의 이런 주장은 번역이 원문에 종속적이어야 한다는 주장의 근거가 되었다.

원문에 종속된 기술로 여겨지던 번역은 20세기에 언어학이 발전하면서 새로운 관심을 받게 되었다. 번역을 지식과 기술의 영역에 둘 것이 아니라 독립된 학문의 영역으로 보고 접근해야 한다는 주장이 부각되면서 번역의 방법론에 관한 논의가 활발해졌고, 번역학이 새로운 학문으로 부상하게 되었다. 처음에는 언어학에 기초를 두면서 번역을 순수한 언어적 현상으로 고찰하는 번역학이 발전했다. 그러나 언어학에 기반을 둔 번역학은 의사소통을 중시하는 번역행위의 연구에는 한계를 드러내었으므로 이후 의사소통학으로서의 번역학이 새로이 힘을 얻고 발달하게 되었다. 1980년대에 신생학문으로 등장한 번역학은 1990년대에 독자적인 학문으로 위치를 확실히 매김했다.

6. 번역학의 분류

오랫동안 번역은 기술 분야에 속했지만 20세기에 이르러 번역학이 체제를 갖추게 되었고 20세기 후반에는 학문으로 확립되었다. 번역학의 목적은 크게 둘로 나누어진다. 첫째, 번역과정과 번역현상을 있는 그대로 기술하는 것을 목적으로 한다. 둘째, 번역현상을 설명하고 예측할 수 있는 일반원리를 정립하는 것을 목적으로 한다.

총체적으로 보자면, 번역학의 목적은 실제 번역물과 번역과정에 기초한 일반원리를 도출하여 포괄적인 지침을 만들어 내는 것이다. 제임스 홈즈(James S. Holmes)는 1972년 제 3차 국제 응용언어학대회에서 번역학의 영역을 정리하여 번역학의 통합의 계기를 제공했다. 번역학은 순수번역학과 응용번역학으로 나누어진다.

1) 순수번역학

(1) 이론적 접근

실제로 일어나는 다양한 번역 현상을 기술하며, 번역물과 번역 현상을 설명하고 예측할 수 있는 원칙을 정립한다. 일반적인 연구와 부분적인 연구로 나눈다. 부분적인 연구는 특정매체(종이, 음성), 특정지역(지역, 국가, 영국식 영어, 미국식 영어), 특정 층위(수준), 특정 텍스트 유형(기능, 정보, 법률), 특정 시기(중세, 19세기), 특정 문체(고어체, 원문체 고수, 변화) 등을 살핀다.

(2) 기술적 접근

번역현상을 기술하고 설명할 수 있는 원칙들을 발전시킨다. 번역물과 번역현상을 있는 그대로 기술하는 것이다. 더 세분하면 다음과 같다.

① 번역물 중심의 연구: 현존하는 번역물을 연구한다.

② 과정 중심의 연구: 번역 중에 번역자의 머리속에서 일어나는 과정을 연구한다.

③ 기능중심의 연구: 번역물이 도착언어권에서 수행하는 기능을 연구한다.

2) 응용번역학

(1) 번역교육

(2) 번역보조도구

(3) 번역비평분야

7. 번역의 정의

앞에서 번역에 대한 일반적인 정의를 살펴보았다면 이제 번역학자들의 다양한 정의를 통해서 번역을 좀 더 깊이 이해해 보자.

1) 유진 나이다(Eugene Nida)

번역의 본질은 원천언어가 전하는 의미에 가장 가깝고 자연스러운 등가를 목표언어로 재생산하는 행위이다.

2) 로저 벨(Rodger T. Bell)

번역은 원천언어 텍스트를 의미상으로나 문체상으로나 등가성을 지닌 목표언어 텍스트로 바꾸는 것이다.

3) 에드몽 카리(Edmond Cary)

번역은 서로 다른 언어로 표현된 두 텍스트 사이에 등가 관계들의 설정을 도모하는 작업으로, 이 등가 관계들은 항상 그리고 필연적으로 두 텍스트의 성격과 목표, 두 언어 사용 집단의 문화적 관계와 이들의 정신적, 지적, 감정적 풍토와 함수 관계에 있으며, 원어와 역어의 시기와 장소에 고유한 갖가지 우발적 요소들과도 함수관계에 있다.

4) 한스 베르미어(Hans J. Vermeer)

번역은 일종의 행동(action)이며, 모든 행동에는 언제나 목적이 수반된다. 따라서 번역에도 항상 목적이 존재한다. 번역의 목적과 그 목적을 달성하기 위한 번역방법은 발주자와 번역자 사이의 협상에 의해 결정된다. 번역자는 전문가로서 최종번역물에 대한 책임을 지게 되며, 원문은 번역행동의 일부로서 원문이 최종번역물에서 차지하는 역할은 번역자가 번역목적에 따라 결정하게 된다.

5) 마리안느 레더러(Marianne Lederer)

번역은 하나의 텍스트를 이해한 다음, 이 텍스트를 다른 언어의 텍스트로 재현하는 것이다.

위의 번역학자들의 정의들을 보면 각기 강조점이 조금씩 다르기는 하지만, 기본적으로 원문과 번역문이 여러 층위에서 등가가 되어야 한다는 점, 즉 원문과 번역문이 최대한 똑같은 의미와 똑같은 효과를 전달해야 한다는 점을 강조하고 있다. 그 중에서 베르미어는 원문과 번역문의 관계에 주목하면서, 원문이 항상 우선적인 지위를 가지는 것이 아니라 번역의 목적에 따라서 원문과 번역물의 중요성이 얼마든지 달라질 수 있다는 점을 강조하면서 번역의 목적에 그 우선을 두고 있다는 점에서 차이를 보인다. 이 중에서 가장 기본적이라고 할 수 있는 레더러의 정의를 통해서 번역을 다시 생각해보자.

레더러의 정의에 등장하는 중요한 개념은 **'텍스트,'** **'이해,'** **'재현'**이다. 텍스트는 원문과 번역문을 다 지칭한다. 원문 텍스트는 번역의 대상이며 이유이다. 번역문 텍스트는 번역의 결과물이다. 번역의 대상이며 결과물인 텍스트는 단순히 일련의 연결된 문장을 지칭하는 것이 아니다. 텍스트는 보다 광의의 의미로서 통합적 언어완전체이다. 즉 활자들이 만들어낸 일련의 문장에다 언어외적인 지식이 결합된 통합적 담화가 텍스트이다.

이해는 원문에 대한 것이다. 번역자는 원문 텍스트의 의미를 온전히 '이해'하기 위해서 자신이 가진 모든 언어 지식과 언어외적 지식을 함께 투입해야 한다. 달리 말하면, 의미에 대한 이해는 구체적이고 명시적인 언어표현의 형태와 의사소통의 상황에 대한 이해가 합쳐져야 가능하다. "I don't like you."는 언어표현 만으로 의미를 이해할 경우에, "나는 네가 싫어."로 이해될 것이다. 그러나 친구의 재치에 감탄해서 이렇게 말하는 경우에는, "정말 못 말린다니까!"로 이해해야 한다. 그러므로 언어표현 뿐 아니라 의사소통이 일어나는 상황에 대한 번역자의 올바른 이해가 작동해야 적절한 이해를 바탕으로 한 적절한 번역이 이루어질 수 있다. 그럴 경우에야 비로소 출발텍스트에 대한 번역자의 충실성(fidelity)이 담보될 수 있다.

재현은 번역문에 관한 것이다. 번역자는 원문텍스트에 대한 이해가 이루어지면 자신이 파악한 의미를 새로운 언어, 즉 도착언어로 재현해야 한다. 재현은 도착텍스트로 표현하는 행위이다. 재현의 질은 번역자의 도착어 능력에 의해 크게 좌우된다. 번역의 질에 대한 중요한 평가기준이 도착텍스트의 가독성(readability)이다.

8. 번역의 방법

번역학자들은 번역의 방법을 다양하게 분류하는데 어느 한 번역방법이 다른 번역방법보다 더 우월하거나 더 효과적이라고 할 수는 없다. 번역자는 원문에 충실하면서도 자연스러운 번역문을 생산할 수 있는 번역방법을 채택하는 것이 중요할 것이다. 여러 학자들의 번역방법론을 살펴보자.

1) 로만 제이콥슨(Roman Jakobson)

번역될 두 언어의 관계에 따라 번역을 정의하면서, 언어내적 번역(Intra-lingual translation), 언어간 번역(Inter-lingual translation), 기호간 번역(Inter-semiotic translation)으로 분류했다.

(1) 언어내적 번역

한 언어 내에서의 번역을 의미한다. 영문학에서 고대영어로 씌어진 『베어울프』(*Beowulf*)를 영어권 독자들이 이해할 수 있도록 현대영어로 번역하는 작업이 이에 속한다.

(2) 언어 간 번역

가장 보편적인 번역으로 번역의 본령(translation proper)을 구성한다. 영어를 한국어로 옮기는 것과 같이 서로 다른 두 개의 언어 간의 번역이다.

(3) 기호 간 번역

국가 간에, 혹은 사회 간에 사용하는 서로 다른 기호 체계를 번역하는 것이다. 서로 다른 상징을 사용하는 교통 표지판을 번역하는 것이 이에 해당된다.

2) 프랜시스 뉴마크(Francis Newmark)

의미중심 번역과 소통중심 번역으로 나누어 정의하면서 그에 따라 다른 번역방법을 제시했다.

(1) 의미중심 번역

출발텍스트(ST)에 나타난 저자의 의미를 정확히 재현하는 것을 목표로 한다. 따라서 도착언어의 언어구조가 가할 수 있는 제약이나 변형을 최소화하려고 노력한다. 즉 ST의 의미와 형태를 TT보다 더 우선적으로 고려하면서 ST의 정통성을 강조하는 번역이다. 다르게 표현하자면 직역에 충실한 번역이라고 할 수 있다. 이런 번역 방법을 선호하는 텍스트로는 신성성을 중시하는 종교텍스트를 들 수 있다. 종교텍스트 번역에서는 원문의 의미가 훼손되는 것을 가장 꺼리기 때문에 원문의 의미에 대한 충실성을 무엇보다 우선한다.[5] 단어나 문장 부호 하나만 변해도 논란이 될 수 있는 법률문서도 원문에 더 충실한 의미중심 번역을 선호한다. 문학작품 번역도 의미중심 번역방식을 선호한다. 문

---

5) 종교개혁이 있기 전의 가톨릭교회에서 라틴어로 된 성서를 영어나 독일어 등 국가별 언어로 번역하는 것을 허용하지 않았던 것은 번역과정에서 의미의 훼손이 있을 것을 우려했기 때문이었다. 따라서 성서번역 자체가 이단으로 간주되었다. 영국의 존 위클리프(John Wycliffe, 1320-1384)는 성경을 영어로 번역했다는 이유로 이단으로 몰려 죽은 후에 그 시체가 부관참시를 당했다.

학작품의 번역에서는 무엇보다도 원작의 의미와 효과를 번역문에서도 그대로 전달하는 것이 가장 중요하기 때문에 항상 원저자에게 가장 큰 권한을 부여해야 한다는 전제 하에서 번역이 되기 때문이다.

(2) 소통중심 번역

ST가 출발어독자에게 일으킨 것과 동일한 효과를 TT를 접하는 도착어독자에게 일으키는 것을 목적으로 한다. 즉 동일한 효과 원칙(Principle of equivalent effect)을 가장 중요하게 여기며 준수한다. 소통중심 번역방법에서는 출발텍스트의 구체적인 디테일보다는 전반적인 의미를 전달하는 것을 지향한다. 간단히 말하면 의역을 지향하는 번역이다. 그러므로 특히 TT의 자연스러운 표현을 확보하는 것을 강조하면서 가독성의 담보를 가장 우선시한다. 관광 안내문, 제품 설명서 및 안내서, 매뉴얼 등의 번역이 이 번역방식에 적합하다.

한국 텔레비전을 미국에 수출할 때 텔레비전 매뉴얼이 어떻게 번역되었는지를 살펴보면 소통중심 번역의 특징을 알 수 있다. 출발텍스트인 한국어 매뉴얼을 도착텍스트인 영어 매뉴얼과 비교해보자. 한국어 매뉴얼에 있는 모든 정보가 그대로, 똑같은 순서로, 정확하게 영어 매뉴얼에 번역되어 있지 않다. 심지어 정보의 종류와 양도 달라져 있다. 한국어 매뉴얼에 자세히 설명된 내용이 영어 매뉴얼에서는 간단히 묘사되거나, 한국어 매뉴얼에서 간단히 설명한 것이 영어 매뉴얼에서 자세히 설명된 것도 있다. 또 한국어와 영어 매뉴얼의 정보가 완전히 다른 경우도 있다. 예를 들면 10년 전의 영어 매뉴얼에는 텔레비전을 폐기할 때의 지침이 포함되어 있지만 정작 원문텍스트인 한국어 매뉴얼에는 폐기에 대한 정보가 전혀 들어 있지 않았다. 그 이유는 가전제품의 폐기에 대한 양국의 법규가 다르기 때문이었다. 이처럼 거의 번역이라고 볼 수 없을 정도로 출발텍스트와 도착텍스트가 달라진 것은 이 매뉴얼 번역에서 가장 중요시한 것은 무엇보다도 적절한 의사소통이기 때문이다. 원문인 한국어 매뉴얼을 그대로 충실하게 번역하는 것이 중요한 것이 아니라, 도착언어권 독자인 미국인 소비자들이 텔레비전 매뉴얼을 잘 이해하게 하는 것이 가장 중요하기 때문이다. 따라서 출발텍스트의 정보의 양이나 순서를 도착텍스트에서 과감하게 바꾸는 것이 적절한 번역 방법으로 선호된 것이다. 이처럼 제품 설명서의 번역에서 전달할 정보의 내용이나 양을 도착언어권에 적절하게 바꾸는 것을 지역화(localization)라고 한다.

번역을 할 때 지역화를 통해서 가장 적절한 효과를 성취하게 되는 경우는 영상 번역에서 흔히 이루어진다. 영화에서 유머를 통해서 웃음을 유발해야 할 경우가 그러하다. LA 지역을 무대로 한 영화에서 작중 인물 중에 한 사람이 당시 미국인들 사이에 유행하는 재담을 소개하는 장면이 있었다. 미국인 영화관객들이라면 이 장면에서 당연히 웃음을 터트리게 되어 있었다. 그러나 그 재담을 그대로 번역했다면 미국의 웃음코드와는 거리가 있는 한국의 영화관객들이 웃음을 터트릴 가능성이 없었다. 그런데 이때 영화 자막은 그 재담을, "최불암 시리즈 알잖아요~~."라고 번역했다. 이 자막을 본 한국 관객들은 미국영화에서 엉뚱하게 최불암이 등장하자 그 엉뚱함 때문에 폭소를 터뜨렸다. 결과적으로 이 영상 번역은 관객이 웃게 만드는 동일한 효과를 성취한 것이다. 이것이 효과를 중시하는 소통중심 번역의 대표적인 예이며 지역화가 성공한 예이다.

3) 유진 나이다(Eugene A. Nida)

형태적 대응 번역(Formal correspondence translation)과 역동적 등가 번역(Dynamic equivalence translation)으로 구분하면서, 형태적 대응과 역동적 등가를 잘 어우러지게 할 때 좋은 번역을 성취할 수 있다고 주장했다.

(1) 형태적 대응 번역

ST의 어휘와 표현과 가장 가까운 TT의 어휘와 표현으로 치환하는 번역방법이다.

(2) 역동적 등가 번역

ST의 표현이 ST독자의 마음속에 남긴 영향과 효과와 거의 대등한 영향과 효과를 TT독자의 마음에 유발시키는 번역방법이다.

4) 줄리안 하우스(Juliane House)

공개적 번역(Overt translation)과 내재적 번역(Covert translation) 방법으로 구분했다.

(1) 공개적 번역

유표적인 번역(marked translation)이라고도 한다. 도착텍스트가 번역문이라는 것을 드러내는 번역방법이다. 이처럼 도착텍스트가 원문의 존재를 암시하는 문체를 번역체, 혹은 직역체라고 한다.

(2) 내재적 번역

도착텍스트가 마치 원문인 것처럼 보이게도 하고 심지어 원문으로서의 지위도 누리게 만드는 번역방법이다. 도착텍스트가 원문의 의미와 기능을 완전히 훼손하거나 원문과 달라진 것은 아니지만, 원문의 일부를 고의로 누락하는 것까지 허용될 정도로 도착텍스트의 유연성이 확보되는 번역이다. 의역과 유사하다.

5) 크리스티안 노르트(Christiane Nord)

기록적 번역(Documentary translation)과 도구적 번역(Instrumental translation) 방법으로 구분했다.

(1) 기록적 번역

출발텍스트를 단순 재생산(reproduction)하는 것에 초점이 있다. 따라서 번역문인 도착텍스트가 자연스럽고 적절한지는 크게 고려 대상이 아니다. 출발텍스트의 단어를 도착어의 대응 단어로 치환하는 작업에 가깝다. 따라서 이 번역의 결과물은 이국화(foreignization/ exoticism)의 결과를 드러낸다. 직역에 가깝다.

(2) 도구적 번역

출발텍스트의 의도를 완전히 벗어나는 것까지도 허용할 정도로 자유로운 번역을 말한다. 그 결과 도착텍스트는 출발텍스트의 목적과 다른 새로운 목적을 가지게 된다. 하우스의 내재적 번역과 비슷하다. 단지 하우스의 내재적 번역은 번역문이 원문의 기능을 훼손하지 않을 것을 전제로 하지만 노르트는 번역이 원문을 훼손하는 것도 허용한다. 소설작품을 특정한 목적으로 이용하면서 원문을 일부 삭제한다면 도구적 번역이라고 하겠다.

9. 번역가능성

번역은 ST와 TT 사이의 "등가"(equivalence)[6]를 이루는 작업이다. 하지만 완전히 다른 두 문화 사이에, 또 완전히 다른 두 언어 사이에 완벽한 등가를 이루는 번역이 과연 가능한가? 아니면 불가능한가? 이에 대한 논란은 번역이 시작된 이후로 지금까지 계속되고 있다.

일반적으로 완벽한 등가를 이루는 번역은 불가능하다는 입장이 설득력을 얻는 것이 사실이다. 전혀 다른 문화와 전혀 다른 관습을 보유한 두 언어권의 고유한 개념이나 사상을 제대로 번역하는 것은 절대 가능하지 않다고 보는 관점도 있다. 또 기존의 언어권에서는 존재하지 않았던 새로운 기술이나 새로운 사상, 새로운 개념을 수입했을 때 기존의 어휘로는 표현할 수 없는 공백 상태가 있다는 것도 분명하다.

6) 광의의 의미의 등가이다.

오랫동안 사회주의 경제 체제를 유지했던 중국이나 베트남이 자본주의 경제를 받아들이기 시작했을 때 주식용어들을 자국어로 번역할 적절한 어휘가 없었던 것도 사실이다. 한편, 눈에 대한 명칭이 삼십 여개 이상이 있는 에스키모어 이야기를 서너 개의 눈 명칭이 있는 한국어로 제대로 번역하는 것이 처음부터 불가능한 일이라고 볼 수도 있다.

그러나 번역이 불가능하다는 관점은 대개 ST의 단어를 TT의 단어로 그대로 치환하는 행위를 번역으로 보기 때문에 생기는 오류라는 것이 번역학자들의 대체적인 입장이다. 번역학자들은 번역을 할 때 ST의 단어나 언어구조에 주목할 것이 아니라 ST의 의미를 제대로 전달할 수 있는 "등가적 표현"을 TT에서 재현할 수 있고, 또 재현해야 한다고 주장한다. 그렇다면 어떤 텍스트라도 번역가능성(translatability)을 품고 있다는 것이다. 물론 학자에 따라 번역가능성의 범위와 한계에 대한 논란은 있다. 따라서 절대적 번역가능성, 절대적 번역불가능성, 상대적 번역가능성에 대한 논의가 있다.

1) 절대적 번역가능성

발터 벤야민(Walter Benjamin)의 주장에 근거를 둔다. 어떤 종류의 의미가 급격한 변화를 겪지 않으면서 한 언어에서 다른 언어로 전이될 수 있는 가능성이 있다고 보는 견해이다. 물론 모든 것이 번역 가능하다고 보는 것은 아니지만, 인간은 기본적으로 보편적인 사고와 경험을 공유하고 있기 때문에 상당부분 번역이 가능하다고 보는 것이다.

2) 절대적 번역불가능성

빌헬름 폰 훔볼트(Wilhelm von Humboldt)의 견해에 근거를 둔다. 서로 다른 언어는 서로 다른 사고방식을 구현하고 있기 때문에 본질적으로 다를 수밖에 없으며, 따라서 서로 다른 두 언어 간의 등가를 도모하는 번역은 처음부터 불가능한 과제를 풀려는 시도에 불과하다는 입장이다. "번역자는 반역자"(Traduttore tradittore)라는 이태리 속담이 이 견해를 대변한다고 볼 수 있겠다.

3) 상대적 번역가능성

프리드리히 슐레이마허(Fredrich Schleiermacher)의 주장이다. 모든 언어가 독특한 개별성을 갖고 있다는 사실을 인정하지만, 두 언어의 표현을 중개하면서 텍스트를 번역하는 것이 가능하다는 입장이다. 출발어의 표현이 의도한 것을 번역자가 총체적으로 이해하고 그 총체적 의미를 도착어로 적절히 표현함으로써 번역이 가능해진다는 것이다.

사실 번역가능성에 대한 질문은 번역의 현장에서 번역자 스스로가 매번 되풀이하는 질문이다. 번역 의뢰를 받은 많은 번역자들이 도착언어로 번역하기 힘든 출발언어권의 물건, 관습, 개념, 사상 등으로 인해 번역의 어려움을 겪는 경우가 비일비재하다. 특히 특정한 나라의 독특한 문화의 산물인 '문화소'를 번역할 때가 가장 고민스럽다. 가장 좋은 해결책은 그 문화소의 출발어 표현에 집착하기보다는 도착언어권 독자에게 이해되는 개념으로 옮기면서 번역가능성을 획득하는 방법이다. 물론 이때도 번역자는 문화소의 음가를 그대로 이용할 것인지, 아니면 개념을 파악해 번역할 것인지를 고민하면서 가장 효과적인 방법을 선택해야 할 것이다.

예를 들면 우리나라의 "숭례문"을 영어권 독자를 위해 번역해보자. 숭례문을 "South Gate"로 번역하여 영어권 독자의 이해를 향상시키는 번역을 할 수 있다. 그러나 그럴 경우 영어권 관광객들은 숭례문과 South Gate가 동일하다는 것을 인식하지 못하므로, 숭례문 앞에 서서 South Gate를 찾을 수 없다고 불평하는 해프닝이 벌어질 수도 있다. 또한 South Gate라는 명칭은 한국의 보물 1호에 대한 자긍심을 떨어트리는 번역이라는 비판도 가능하다. 그러나 이 문화소를 음가대로 "Sungnyemun"이라고 번역할 경우 발음도 어려울 뿐 아니라 그 정체성을 알려주지 못하게 된다. 두 명칭의 결점을 보완하여 문화재청에서는 2013년 8월 1일 "Sungnyemun Gate"로 명칭을 확정했다. 비록 "mun"과 "gate"가 중복되는 개념이기는 하지만 숭례문이라는 고유한 발음을 유지하면서 그것이 일종의 대문이라는 점을 명칭에서 영어권 독자에게 알려주는 것이다. 경복궁을 "Gyeongbokgung Palace"라고 번역한 것도 같은 정책이다. 이처럼 문화소의 번역에는 많은 고려가 함께 이루어져야 한다.

10. 등가적 번역

앞에서 논의했듯이 완전히 다른 두 문화권 사이에서 완전히 다른 두 언어 사이의 번역이 가능하다는 것을 전제로 한다면, 이때 번역이 궁극적으로 성취해야 할 목적은 ST와 TT가 의미나 표현에 있어서 똑같아야 한다는 것, 즉 ST와 TT 두 텍스트의 '등가'를 이루는 것이다. 따라서 번역행위는 서로 다른 두 언어로 표현된 두 텍스트의 '등가'를 이룩해야 하는 행위이다. 그렇다면 어떻게 서로 다른 언어로 된 두 텍스트의 등가를 확립할 것인가?

등가적 번역이론은 특히 해석이론가들에 의해 활발하게 주창되었다. 셀레스코비치와 레더러 등 파리의 통번역대학원 출신의 학자들은 회의통역을 기초로 해서 번역해석이론(The Interpretive Theory of Translation)을 확립시켰다. 해석이론에서는 번역행위를 담론(discourse)행위로 본다. 번역의 대상은 언어에 제한된 것이 아니라 언어적 · 문맥적 · 상황적 요소가 포함되어 의미가 구축된 담론이기 때문이다. 다시 말하면, 번역의 대상은 문맥이나 상황이 배제된 단어나 문장이 아니라, 언어적 요소와 비언어적 요소가 통합된 총체적인 텍스트이다. 그러므로 번역은 한 언어의 단어나 문장을 단순히 다른 언어의 단어나 문장으로 치환하는 행위가 아니다. 번역은 총체적인 의사소통 행위를 지향한다.

번역 행위는 SL과 TL을 일대일로 대응시키는 작업이 아니다. 번역자는 어휘의 일대일 대응이나 사전적, 문법적 교체만으로는 원문과 번역문의 적절한 등가를 이루어낼 수 없다. 번역자는 원문의 성격과 번역문의 성격, 원문의 목표와 번역문의 목표, 원문과 번역문의 문화적 성격과 정신적 · 지적 · 정서적 특성을 고려하여야 등가적 번역을 할 수 있다. 또 원문과 번역문의 발표 시기와 장소 등의 특징까지도 고려할 때 등가적 번역에 더 접근하게 된다. 등가적 번역을 하기 위해서는 먼저 출발텍스트의 의미에 대한 충실한 이해가 선행되어야 하며, 이후 이 의미를 도착언어로 등가적으로 재현하는 과정이 수행되어야 한다.

첫째, 번역자는 번역 대상인 출발텍스트를 충실하게 이해해야 한다. 이때 번역의 대상인 출발텍스트는 상황이 배제된 상태에서 개별적으로 존재하는 각각의 단어나 숙어, 문장이 아니라, 문맥적·상황적 요소를 포함한 담론이다. 따라서 번역자는 출발텍스트에 대한 언어적 이해를 해야 할 뿐 아니라, 담론적 이해를 이루어야 한다. 이를 위해서 번역자는 출발텍스트에 대한 상황 지식을 획득하고, 해당 텍스트와 관련된 주제 배경 지식 등을 총동원하여, 출발텍스트의 의미를 파악하는 문맥화(Contextualisation) 과정을 거쳐 출발텍스트에 대한 제대로 된 이해에 이르게 된다. 그러므로 번역자가 이해한 텍스트의 의미는 번역자와 텍스트의 상호작용의 결과물이다.

예를 들면 영국의 19세기 초의 작가인 제인 오스틴(Jane Austen, 1775~1817)의 소설, 『오만과 편견』(*Pride and Prejudice*, 1813)을 한글로 번역하기 위해서 먼저 텍스트를 이해하는 작업에 들어간다고 생각해보자. 번역자는 한국과는 전혀 다른 영국의 문화에 대한 이해와 19세기라는 시대에 대한 이해를 기반으로 해서 원문을 이해하려고 해야 한다. 또한 소설에 쓰인 단어의 의미나 표현이 21세기인 현재와 달리 쓰이고 있다는 점도 파악해야 할 것이다. 동시에, 글쓰기 행위가 일어날 당시의 상황적 요소는 사라지거나 화석화되어 있다는 점도 고려해야 올바른 이해가 가능할 것이다. 이처럼 텍스트에 대한 이해는 텍스트의 언어학적 요소와 보완적 인지요소들 간의 결합을 통해 의미를 이끌어내는 과정이 되어야 한다.

그런데 번역자가 텍스트의 의미를 추출하는 과정에서 먼저 언어적 차원의 이해를 한 후에야 담화적 차원의 이해로 차례대로 진행되는 것은 아니다. 언어적 차원에서 가능한 사전적인 뜻, 여러 잠재적인 뜻,

담론적 차원인 텍스트의 문맥적 상황, 또 번역사의 주제 지식을 통해 변별적으로 파악된 의미, 이 모든 것이 통시적으로 함께 모여서 총체적인 의미가 도출된다. 번역자가 이끌어낸 이 총체적인 의미가 바로 원저자가 의도한 의미라는 것이 번역의 기본적인 가설이다.

둘째, 번역자는 자신이 도출한 출발텍스트의 의미를 도착텍스트에서 등가적으로 재현하도록 해야 한다. 즉 번역자는 원저자가 말하고자 하는 의미가 번역문에도 그대로 나타나도록 재현하도록 한다. 또 원문의 독자가 느꼈던 것과 똑같은 효과를 번역문 텍스트를 읽는 독자도 느낄 수 있도록 도착어로 재현해야 한다. 이때 비로소 출발텍스트와 도착텍스트의 등가가 이루어졌다고 할 수 있다. 원문과 등가를 이루는 번역문의 재현을 위해 번역자가 고려할 점을 구체적으로 살피면 다음과 같다.

1) 번역문은 원문이 비언어적 현실에 대해 주고 있는 정보를 전달해야 한다.
2) 번역문은 원문의 문체를 살려야 한다.
3) 번역문은 원문의 장르를 고려해 이루어져야 한다.
4) 번역문은 독자가 이해할 수 있기 위해 독자가 가진 지식에 맞추어야 한다.
5) 번역문은 원문의 언어미학적 효과와 동일한 효과를 나타내어야 한다.

11. 대응과 등가 (Correspondence and Equivalence)

지금까지 번역은 ST와 TT의 텍스트의 등가(equivalence)를 이루는 작업이라고 정의했다. 이때의 등가는 출발텍스트와 도착텍스트 간에 의미와 효과의 등가를 확립한다는 광의의 개념이다. 이제부터는 실제 번역 현장에서 일어나는 전략으로서의 등가, 즉 좁은 의미의 등가의 개념을 설명해보자. 좁은 의미의 등가는 대응(correspondence)과 대비되는 개념이다. 실제 번역을 할 때 개별 어휘나 어구, 문장, 단락 등은 상황에 따라 대응이나 등가의 방법으로 번역된다. 대응은 의미의 형태적 치환 가능성 내지 동일성을 전제로 하며 일차적인 층위의 의미 전환을 수행하는 것이다. 반면 등가는 원문과 번역문의 내용적 동질성, 또는 동등효과를 지향하는 번역방법이다. 대응과 등가에 대한 번역학자들의 정의를 통해서 더 자세히 알아보자.

1) 마크 셔틀워스와 모이라 코비(Mark Shuttleworth & Moira Cowie)

『번역학 사전』(*Dictionary of Translation Studies*, 1997)에서 셔틀워스와 코비는 대응과 등가를 다음과 같이 구별한다. 대응은 SL과 TL이 서로 형태적으로도 어느 정도 상응하는 번역을 말한다. 예로 영어 "health"를 한국어 "건강"으로 번역하는 것이다. 등가는 SL과 TL의 형태의 상이함과 관계없이 의미의 동일함을 추구하는 번역이다. 예를 들면 쉽다는 뜻의 영어 "easy as pie"를 한국어 "누워서 떡먹기"로 번역하는 것이다. 이처럼 대응은 의미가 원문과 번역문에서 형태적으로 동일하게 표현될 때를 말하며, 등가는 원문과 번역문의 형태는 다르지만 의미가 동일하게 재현될 때를 말한다.

2) **캣포드(J. C. Catford)**

번역을 형태적 대응(formal correspondence)과 텍스트적 등가(textual equivalence)로 나누었다. 형태적 대응은 어휘를 그대로 전달하는 것이며, 모두가 이해하는 공통적 체계인 랑그(langue)[7]와 비슷하며 시니피앙[8]과 동일시할 수 있다. 텍스트적 등가는 효과까지 살피는 것으로, 랑그의 개인적 구현이라는 점에서 빠롤(parole)과 비슷하며, 시니피에와 동일시할 수 있다. 예로 "You are a good boy."의 형태적 대응은, "넌 착한 애야."라는 번역이다. 하지만 유리창을 깬 아들에게 어머니가 비꼬듯이 "You are a good boy."라고 말한 것을 텍스트적 등가로 번역한다면 "잘 하는 짓이다~~."로 번역하는 것이 적절하다.

---

7) 랑그(langue)와 파롤(parole)은 구조주의언어학의 시초인 소쉬르가 처음 사용했다. 언어활동에서 사회적이고 체계적인 측명을 랑그라고 하고, 개인적이고 구체적인 발화의 실행과 관련된 측면을 파롤이라고 한다. 파롤은 같은 내용의 언어가 사람마다 달라지는 것을 뜻하는 것으로 실제 발화행위이며, 이러한 다양한 파롤을 가능하게 하는 것이 랑그이다. 언어는 다른 이와의 의사소통이기 때문에 서로 공통된 규칙이 존재한다. 여기서 우리가 개별적으로 대화하는 것을 파롤, 공통된 문법이나 낱말들에 존재하는 서로간의 규칙으로 고정적인 원칙을 랑그라고 한다.

8) 시니피앙(signifiant) — 기표, 시니피에(signifié) — 기의. 기표와 기의가 묶여서 기호(사인 signe)가 된다. 기표란 집이라는 말에서 "집"이라는 문자와 음성이다. 기의는 이 기표에 의해 의미되거나 표시되는 집의 이미지와 집이라는 개념 또는 의미이다.

3) 유진 나이다

번역을 형태적 대응과 역동적 등가(dynamic equivalence)로 나누었다. 형태적 대응은 출발어의 어휘 표현과 의미의 최근사치(closest equivalent)에 해당되는 도착어 어휘와 표현이 출발어와 갖는 관계를 말한다. 거의 일대 일 치환에 해당된다. 역동적 등가는 ST가 출발텍스트 독자에게 남긴 것과 동등한 영향과 효과가 도착텍스트 독자에게 전달되도록 TT가 완성되었을 때 성취된다. 즉 등가효과의 원칙(Principle of equivalent effect)이 달성될 때 역동적 등가가 이루어졌다고 보는 것이다. 유머나 문화적인 상황을 고려한 번역은 특히 역동적 등가 번역을 해야 한다.

성경 번역에서 문화적인 고려를 첨가한 역동적 등가 번역의 예를 들어보자. 나이다는「요한복음」에서 "There is the Lamb of God, who takes away the sin of the world."(세상의 죄를 지고 가는 하나님의 어린 양입니다. 1:29)라는 번역을 예로 든다. 여기서 어린 양은 희생을 의미하는 동물로서 깨끗하고 순결한 존재의 상징이며 죄 없는 예수 그리스도를 상징한다. 한국에서는 양에 대해서 형성된 특정한 기존 관념이 없었으므로 "하나님의 어린 양"으로 번역되어도 별 문제가 없었다. 오히려 기독교를 통해서 어린 양이 순결하다는 서구적 개념이 한국사회에 보편적으로 정착되었다. 그러나 에스키모인인 이누이트족(the Inuits)들의 문화에서는 양이나 염소가 희귀할 뿐 아니라 순결의 상징은 물개(seals)이기 때문에 "The Seal of God"로 번역되어 있다.

4) 오토 카데(Otto Kade)

출발어의 단일 어휘 또는 단일 표현에 대한 도착어의 단일 어휘, 또는 단일 표현이 존재하는가에 따라 등가를 분류하면서, 일대일 등가(one-to-one equivalence), 일대다 등가(one-to-many equivalence), 일대부분 등가(one-to-part of one equivalence), 영의 등가(nil equivalence)로 분류했다.

(1) 일대일 등가: 출발어의 단일 어휘나 표현을 전달할 수 있는 단일 어휘나 표현이 도착어에 존재하는 경우에 성립하는 등가를 말한다.

예) house — 집. 캣포드의 대응과 같은 것이다.

(2) 일대다 등가: 출발어의 단일 어휘나 표현을 전달할 수 있는 도착어의 단일 어휘나 표현이 두 개 이상 존재하는 경우에 성립하는 등가이다.

예) sister — 자매, 언니, 누나, 누이, 여동생. 일대부분 등가와 다른 점은 동일 인물을 나타내는 표현이 다르다는 것이다.

(3) 일대부분 등가: 출발어의 단일 어휘나 표현이 가리키는 개념의 일부만 전달할 수 있는 도착어의 단일 어휘나 표현이 존재하는 경우를 말한다.

예) uncle — 삼촌, 이모부, 고모부. 같은 표현이지만 다 다른 인물을 지시한다.

(4) 영의 등가: 출발어의 단일 어휘나 표현을 전달할 수 있는 도착어의 단일 어휘나 표현이 존재하지 않는 어휘 공백 상태를 말한다.

예) 오스틴의 『이성과 감성』에서 나온 "cottage"라는 표현을 한국어로 적절히 번역하기 쉽지 않다. 흔히 우리말로는 오두막이라고 번역되지만, 막상 엘리너(Elinor)와 마리앤(Marianne)을 포함한 대시우드 가족(The Dashwoods)이 옮겨가서 살게 되는 카티지는 거실이 2개이며 방이 4개나 되므로 우리가 생각하는 오두막이 아니다. 에스키모의 삼십 여개의 '눈' 종류를 한국어로 옮기기도 힘들고, 한국어의 정서를 나타내는 '한'을 적절한 영어로 번역하기도 어렵다.

위의 학자들의 설명에서 볼 수 있듯이 대체로 대응은 출발어와 도착어를 일대일로 대응시키는 번역이며 등가는 의미를 총체적으로 나타내는 번역이라고 볼 수 있다. 좋은 번역은 대체로 일대일 대응을 지양하면서 의미의 총체적인 등가를 도모해야 한다.

12. 등가의 종류

실제로 다양한 층위에서 이루어지는 ST와 TT의 등가에 대한 번역학자들의 논의 중에서 콜러(Werner Köller)와 셀레스코비치(Danica Seleskovitch)의 정의를 통해 등가의 층위를 구체적으로 살펴보자.

1) 콜러의 등가

(1) 외연적 등가(referential/denotative equivalence): 출발어와 도착어의 어휘가 갖는 지시의미 또는 명시의미가 동일한 경우에 성립된다. 셀레스코비치의 해석이론(Interpretive theory)에서는 이를 어원적 등가(etymological equivalence)라고 한다.

(2) 내포적 등가(connotative equivalence): 두 언어를 모국어로 사용하는 언어 사용자의 생각 속에 동일하거나 유사한 연상을 불러일으키는 어휘 쌍 간에 존재하는 등가이다. 사회적 의미나 관용적 의미를 포함하는 어휘들이 이에 속한다. 예로 영어 "nigger"를 한국어 "깜둥이," "countryman"을 "촌뜨기"라고 경멸적으로 번역함으로서 사회적으로 내포된 의미를 반영하는 내포적 등가를 이룬 것이다.

(3) 텍스트규범적 등가(text-normative equivalence): 동일하거나 유사한 맥락에서 사용되는 출발어와 도착어의 어휘 쌍 간에 존재하는 등가이다. 텍스트 장르 고유의 자질과 관련된 등가이다. 예로, 육하원칙이 있는 신문 기사, 어려운 용어들을 포함한 법률문서, 요폐증, 뇌경색 등의 전문용어를 사용하는 의학논문, 고문서 등을 번역할 때 원래의 장르적 특성을 존중하고 따라야만 등가가 이루어졌다고 보는 것이다. 만일 판사의 장황하고 난해한 판결문 원문을 번역하면서 독자의 이해를 돕기 위해서 쉬운 문장으로 풀어쓴 번역문을 만든다면 그 효과의 등가가

이루어지지 않았기 때문에 도착어 독자에게서 신뢰를 얻지 못한다. 난해한 ST는 난해한 TT로, 무미건조한 ST는 무미건조한 TT로 번역하는 것이 더 좋은 등가를 이루는 것이다.

(4) 화용적 등가(pragmatic/dynamic equivalence): 출발어권 독자와 도착어권 독자에게 동일한 의미의 효과를 주는 출발어와 도착어 어휘 쌍 간에 존재하는 등가를 말한다. 같은 의미를 각 언어집단의 문화적 경험의 차이를 고려하여 다르게 번역하는 경우이다. 예를 들면, "Don't cry over spilt milk."는 "소 잃고 외양간 고치기."로, "Don't count your chickens before they hatch."는 "떡 줄 놈은 생각도 않는데 김칫국부터 마신다."로, "A bad workman always blame his tools."는 "선 무당이 장구 탓한다."로, "Can't get blood from a turnip."은 "벼룩의 간을 빼 먹는다."로 번역하는 경우이다.

(5) 형태적 등가(formal equivalence): 철자나 음가가 유사한 출발어와 도착어 어휘 쌍 간에 존재하는 등가이다. 특정한 형식적, 미학적 특성, 언어유희, 문체적 특징 등에서 등가를 구현한다. 예를 들면 중국에서 영어를 중국어로 번역할 때 영어의 음가를 적절한 중국어 음가로 바꾸는 것 등이다. "Cocacola"를 중국어 "可口可樂"(kěkǒu kělè)로 번역한 경우가 이에 속한다.

2) 셀레스코비치의 등가

(1) 어원적 등가(etymological equivalence): 출발어의 사전적 정의와 도착어의 사전적 정의가 일치하여 등가가 이루어지는 경우이다.

(2) 문맥적 등가(contextual equivalence): 어원적 등가가 불가능할 때 주어진 문맥에서 타당성을 갖는 의미적 등가표현을 찾는 것이다.

(3) 관용적 등가(conventional equivalence): 처음에는 문맥적 등가가 있던 어휘 쌍들이 점차 사회적으로 수용되고 반복적으로 사용됨에 따라 굳어진 대응어처럼 인정되어 사용되는 경우에 그 어휘 쌍 간에 설립하는 등가관계이다. 주식시장에서 “seller's market”이 “강세시장”으로 번역되는 경우를 들 수 있다.

13. 등가를 위한 전환

번역은 출발텍스트와 도착텍스트의 등가를 도모해야 한다는 전제에도 불구하고 현실적으로는, 과연 얼마나 완벽한 등가를 이룰 수 있는지에 대해서는 여전히 논란이 많다. 각 언어마다 고유의 문법과 어휘가 존재하며, 또 각 문화 사이에도 통용될 수 없는 차이가 존재하기 때문이다. 그러나 번역자는 항상 번역가능성을 염두에 두면서, 두 텍스트 간의 어휘적·문화적 공백을 메꾸기 위해서 노력해야 한다. 등가를 성취하려는 목적을 위해서 번역자는 번역과정에서 적절한 조절을 하게 되는데 이것을 번역전환(translation shift)이라고 한다. 번역전환은, 번역과정에서 당연히 일어나거나 일어날 수 있는 변화로서, ST에서 TT로 이행되는 과정에서 형태적 대응으로부터 벗어나는 것을 의미한다. TT를 ST와 비교해 볼 때 새롭게 보이는 모든 것이 번역전환이다. 누락은 실수이지만 고의적인 생략이라면 번역전환의 과정으로 본다. 다시 말해서 번역전환은 원문에는 없으나 번역문에 있는 새로운 것, 원문에는 있으나 번역문에는 없는 모든 것을 포함한다.

번역자는 출발텍스트와 도착텍스트 간의 어휘와 문화의 공백을 메꾸는 전환을 적절히 실행함으로서 좋은 번역을 만들어낼 수 있다. 적절한 전환을 할 수 있으려면 번역자가 두 텍스트의 텍스트성의 차이에 대한 명시적 이해를 갖추고 있어야 한다. 그래서 번역자는 항상, 체계적이고 포괄적인 연구를 통해서, 다른 두 언어와 문화에 대한 지식을 축적하도록 노력해야 한다. 이처럼 축적된 지식과 노력을 기반으로 해서 번역자는 번역과정에서 두 언어의 텍스트성의 차이를 적절히 보완할 수 있게 된다.

그렇게 볼 때 번역전환은, 다른 말로, 번역사의 재량을 인정하는 것이라고 할 수 있다. 하지만 번역전환을 전제한다고 해서 번역자의 재량을 무한대로 인정한다는 의미는 아니다. 번역자의 재량은 도착텍스트 독자의 이해를 돕는 차원에서 허용되지만 출발텍스트의 의미를 훼손하지 않아야 한다는 전제를 엄격히 따라야 한다. 번역사의 번역전환을 위한 재량은 원문의 의미를 왜곡하는 것이 되어서는 안 될 뿐 아니라, 최대한 원문의 의미를 훼손하지 않는 차원에서 이루어져야 한다. 또한 번역자의 재량은 표현 과정에서 도착어의 '규칙'을 깨지 않으면서 도착텍스트의 독자를 존중하는 차원에서 이루어져야 한다.

실제로 번역전환을 하는 과정에서 번역자의 재량은 상당히 다양하게 나타날 수 있다. 예를 들면 한국의 전통적인 문화나 음식 등을 번역할 때 이 어휘와 문화의 공백을 해소하는 방법은 번역자의 기량이나 재량에 따라 상당히 다르게 나타날 것이다. 기와집과 초가집을 영어로 번역할 때, 그냥 음가대로 번역할 것인지, 음가에 부가적인 설명을 달 것인지, 아니면 기와집과 초가집을 적절히 설명할 것인지, 영어의 대응되는 표현으로 바꿀 것인지는, 어떤 번역이 더 적절하고 효율적인가에 대한 번역자의 판단에 달려 있다. 불고기나 비빔밥도 처음에는 음가로 번역하고 문장 내에서 설명을 덧붙였는데, 이제는 고유명사로 확립되어 한국을 알리는 문화소가 되었다는 점에서, 어떻게 번역할 것인가에 대한 번역자의 판단은 중요한 역할을 한다.

14. 번역은 건포도 빵이다.

좋은 번역은 출발텍스트와 도착텍스트의 '등가'를 성취해야 한다. 총체적인 등가를 위해서 번역과정에서는 대체로 일대일 대응을 이루는 표현을 '지양'하고 등가적 표현을 구사하는 것이 바람직하다고 볼 수 있다. 그러나 실제 번역 현장에서는 사실상 출발어와 도착어 사이에 각각의 언어학적 요소들, 즉 단어, 구, 굳어진 통사적 구성이나 형태가 정확하게 상관관계를 이루는 일대일 대응이 필연적으로 일어나게 된다.

번역 현장에서 등장하는 일대일 대응은 귀납적 일대일 대응과 선험적 일대일 대응으로 나누어 볼 수 있다. 귀납적 일대일 대응은 텍스트의 의미를 이해하여 표현하는 과정에 생긴 번역의 결과물이 대응적 성격을 가진 것을 말한다. "I can't wait."를 문맥에 따라, "정말 기대돼."라거나 "못 기다리겠어."라고 번역할 수 있는데, 후자의 번역은 결과적으로 일대일 대응의 형태를 띠고 있으므로 이를 귀납적 일대일 대응이라고 한다. 선험적 일대일 대응은 열거, 인명, 지명 등의 고유명사, 전문 기술용어 등 원래의 출발어를 그대로 살려주는 것을 말한다.

이처럼 번역은 총체적 의미의 등가를 도모하는 과정에서 등가적 표현 뿐 아니라, 귀납적이건 선험적이건 일대일 대응적 표현을 포함하게 된다. 이 번역 결과물을 '건포도 빵'으로 비유할 수 있다. 건포도 빵을 만들 때 드는 재료는 우유, 밀가루, 버터, 이스트, 건포도 등이다. 이 재료들 가운데 우유, 밀가루, 버터, 이스트는 빵이 구워지고 나면 원래의 모습을 찾아 볼 수 없고 빵이라는 새로운 모습으로 바뀐다. 그러나 건포도는 원래의 형태를 그대로 간직하고 있다. 원래의 모습을 잃어버리고 빵으로 변한 요소들을 번역의 등가적 요소라고 한다면, 건포도는 고유 명사나 전문 용어처럼 원래의 모습을 그대로 유지하고 있는 일대일 대응이다. 그러므로 제대로 된 번역물은, 건포도 빵처럼, 텍스트의 의미를 이해하여 완전히 새로운 언어로 재현한 등가와 원래의 모습을 간직한 일대일 대응을 동시에 포함한다.

15. 기능주의 번역학파의 스코포스 이론

1) 스코포스 이론(Skopos theory)

오늘날의 번역 방법에 가장 큰 영향을 준 것이 기능주의 학파이다. 기능주의 번역론은 번역의 기능을 중시하는 번역론으로, 1972년 독일의 한스 베르미어(Hans Vermeer)가 주창한 스코포스 이론[9]을 핵심적인 기반으로 하는 이론이다. 사용설명서나 보고서, 계약서 등의 비문학 유형의 텍스트 번역에 대한 필요성이 증가하면서, 텍스트의 목적과 기능에 따라 번역이 달라져야 한다는 스코포스 이론이 1970년대 후반에 힘을 얻게 되었다. 스코포스 이론에서는 번역을 인간 행위의 특수한 형태로 보면서, 다른 인간 행위와 마찬가지로 번역에도 목적이 있음을 주장했다. 스코포스 이론은 언어학적이며 형식적인 방향이던 번역이론을 기능적이고 사회·문화 지향적으로 전환했다는 평가를 받게 되었다.

스코포스 이론에 따르면 번역은 ST를 기초로 해서 기능적으로 적절한 TT를 생산하는 행위이다. 그러므로 ST는 번역에서 가장 중요한 요소가 아니라 번역사에게 주어진 한 가지 요소에 불과하다. 이런 주장은 출발텍스트를 신성시하면서 "번역은 반역이다."라는 주장을 기반으로 한 기존의 번역이론을 전복하는 것이다.

스코포스 이론은 번역과정에서 스코포스, 즉 번역의 목적을 가장 중시한다. 번역의 목적이 먼저 정해지지 않으면 적절한 번역은 이루어질 수 없다는 것이다. 그러므로 번역자는 번역의 목적, 즉 스코포스

9) 스코포스는 그리스어로 "목적"이라는 뜻이다.

에 따라 의식적으로 행동하여야 한다는 것이다. 이때 번역자는 출발텍스트가 아니라 도착텍스트의 스코포스를 가장 우선적으로 고려해야 한다. 그러므로 도착텍스트의 목적에 따라서 번역자의 번역방법과 전략이 결정된다. 그리고 번역문의 스코포스는 번역을 의뢰한 사람의 요구, 즉 주로 번역문의 이용자인 독자나 청자의 요구와 기대, 그들이 처한 상황과 문화적 배경에 따라 규정된다. 따라서 동일한 ST에 대해서도 TT의 스코포스가 달라지는 것에 따라 다양한 TT가 만들어질 수 있다. 예를 들면 원래의 ST가 고전문학이라 하더라도 번역 의뢰자가 짧은 코미디극으로 번역해 달라고 한다면 그 목적에 충실한 번역결과물인 TT는 올바른 번역으로 인정되는 것이다.

물론 그렇다고 해서 스코포스 이론에서 ST를 고려대상에서 완전히 배제하는 것은 아니다. 번역대상이나 장르에 따라서 TT를 우선하는 스코포스를 택하는 것이 바람직한 것인지, ST를 우선하는 스코포스를 택하는 것이 바람직한 것인지를 판단해서 그에 따른 번역행동을 수행한다. 단지 스코포스 이론에서는 TT 독자를 더 우선적으로 고려한다는 것은 분명하다.

스코포스 이론은 번역의 원천인 ST의 위상을 훨씬 높이 평가해온 기존의 번역이론에 이의를 제기하면서 TT로 관심을 향하게 했다는 점에서 긍정적인 평가를 받았다. 스코포스 이론은 번역의 구체적 이유에 따른 구체적 목적과 목표를 설정하는 것이 중요하다는 점을 강조했고, 따라서 번역 활동이 원저자의 의미를 단순히 전달하는 기계적 작업이 아니라, 원저자와 번역자 간의 일종의 의사 결정 과정이라는 점을 명백히 한 것이다. 예를 들면, 고전 작품인 ST를 번역할 때 고전의 효과를 그대로 전달하는 TT를 만들 것인지, 현대 독자의 언어와 기호에 맞추는 TT를 만들 것인지, 그 스코포스에 따라 재현이 달라지는 것이다.

스코포스 이론에 대한 부정적인 평가도 동시에 이루어졌다. 특히 번역에서 ST가 중심이며 ST의 의미를 온전히 전달하는가의 문제를 TT를 평가하는 잣대로 삼아온 기존의 번역학자들은 스코포스 이론이 지나치게 TT 중심이라고 비판했다. 특히 문학작품에 스코포스 이론을 적용하는 것은 작품의 가치를 심각하게 훼손한다고 비판했다. 『걸리버 여행기』나 『허클베리 핀의 모험』을 아동용 도서로 번역한 것은 아동을 위한 TT 생산이라는 스코포스를 잘 수행한 것이기도 하지만, 다양한 의미를 품은 원작의 가치를 훼손했다고도 볼 수 있는 것이다.

2) 스코포스 이론에 따른 번역문 텍스트

스코포스 이론에 따른 번역문 텍스트는 번역문의 목적에 따라 정보중심 텍스트, 표현중심 텍스트, 효과중심 텍스트로 나누어진다.

(1) 정보중심 텍스트

정보의 전달이 중심기능을 이루는 텍스트이다. 정보중심 텍스트에서는 언어미학적 측면이 중요 관심사가 아니다. 신문 기사, 법조문, 의학논문 등의 실용텍스트들이 이에 속한다.

(2) 표현중심 텍스트

ST 저자가 원래 전달하고자 했던 심미적, 미학적 가치를 중요하게 여기고 이를 TT 텍스트에 재현할 것을 우선적으로 고려하는 텍스트이다. 소설, 동화 등의 문학작품 및 영상물 등의 창작 활동의 결과물인 텍스트가 이 범주에 속한다.

(3) 효과중심 텍스트

도착 텍스트 독자의 생각이나 태도에 영향을 주는 것을 가장 중요시하는 텍스트이다. 광고문이 이에 속한다.

3) 스코포스 이론에 따른 번역과정

스코포스 이론에 따른 적절한 번역을 하기 위해서는 첫째, 대상독자를 정의하고, 둘째, 번역브리프를 작성하며, 셋째, 최적 전이 절차 모델을 구성하여 번역을 진행하는 것이 효과적이다. 그 과정을 자세히 살펴보자.

(1) 대상독자 정의(audience/readership design)

번역 행위는 번역의 목적에 따라 결정되며, 번역의 목적은 도착 텍스트의 독자의 요구에 따라 정해진다. 따라서 번역에 앞서 도착텍스트의 대상이 되는 독자의 성격이나 요구를 정확하게 파악하는 것이 가장 중요하다. 대상독자의 성격이나 요구에 따라 각기 다른 번역전략을 적절히 구사해야 하기 때문이다. 따라서 똑같은 출발텍스트라 하더라도 도착텍스트의 독자의 요구에 따라서 번역이 달라질 수 있으며, 그 결과로 나온 다양한 번역문은 원작에 대한 훼손이 아니라 적절한 번역으로 여겨질 수 있다. 영국의 18세기 소설가 조나단 스위프트(Jonathan Swift)가 쓴 『걸리버 여행기』(*Gulliver's Travels*)는 치밀한 풍자로 이루어진

난해한 소설이다. 그러나 아이들이 읽는 동화로 번역되면서 원문의 많은 내용이 생략되기도 했고 어휘나 문장의 표현이 바뀌기도 했다. 스코포스 이론에 따르면 『걸리버 여행기』의 아동용 번역본은 도착텍스트의 대상독자를 어린이로 설정한 적절한 번역이다.

(2) 번역 브리프(translation brief, TB)

번역 브리프는 대상독자의 성격과 요구에 대한 정보를 파악하는 사전준비 단계이다. 번역 브리프에서는 가능한한 다양한 범주를 고려해야 한다. 도착텍스트의 의도나 효과와 같은 의도된 기능은 무엇인지, 도착텍스트 독자의 성격은 어떠한지, 도착텍스트가 수용될 예상시점이나 장소는 어떠한지, 도착텍스트가 책, 영상, 음성 등 어떤 매체를 취할 것인지, 도착텍스트를 생산하거나 수용하는 이유나 동기는 무엇인지 등을 고려하는 것이다. 이처럼 TB를 가능한 자세히, 가능한 미리 고려하면 가장 효과적으로 번역할 수 있는 기초를 마련하게 되는 셈이다. 번역자는 이후 실제 번역을 수행하는 과정에서 TB에서 고려한 상황에 따라 도착텍스트의 언어적 성격과 비언어적 성격을 결정하게 된다.

(3) 최적 전이 절차 모델(optimal transfer procedure model)

번역자는 일단 번역 브리프를 설정한 이후에 이 번역 브리프를 실제로 번역과정에서 최대로 적절하게 적용시키도록 해야 한다. 이 과정을 최대한 효과적으로 수행할 수 있게 하는 적절한 지침이 최적 전이 절차 모델로 제시되어 있으며 다음과 같다.

① ST와 TT의 의도된 텍스트 기능 비교를 해야 한다. 두 텍스트의 정보와 효과가 동일한지를 자문해보아야 하고, 만일 변화가 있다면 그런 변경의 타당한 이유가 있는지를 확신해야 한다.

② ST독자와 TT독자를 비교해서 적절한 변화인지를 고려해 보아야 한다. 독자층이 아동인 경우와 성인인 경우에 생기는 변화와 결과를 살펴 보아야 한다.

③ 텍스트의 예상수용 시점 및 위치를 판단한다. 언제 어디서 읽힐지를 고려하여 번역한다.

④ 대개는 ST보다 TT의 길이가 길어질 경우가 많은데 TT 매체의 성격을 고려하여 번역문의 길이를 다시 조정할 필요가 있는지를 판단한다. 특히 영상 번역은 원문보다 짧아질 수밖에 없는데, 이때 번역이 원문의 온전한 의미를 전달하는지를 분석해야 한다.

⑤ 텍스트 생산 및 수용의 동기를 판단해야 한다.

16. 실제 번역의 전략

번역의 전략(Translation strategy/ tactic/ technique)이란 번역사가 번역할 외국어 텍스트를 선정하고 번역을 전개하는 기본 작업을 포괄적으로 일컫는 말이다. 번역학자들은 번역의 전략을 다양하게 논의하는데, 이를 간단히 살펴보자.

1) 직접번역과 간접번역 전략

진폴 비네와 진 다르벨넷(Jean-Paul Vinay & Jean Darbelnet)이 분류한, 가장 영향력 있는 번역전략이다. 직접번역은 직역과 비슷한 번역이며, 간접번역은 의역과 비슷한 번역이다. 이 번역전략의 구체적인 번역기법(translation tactics)은 다음과 같다.

(1) 직접번역 기법

① 차용(borrowing)

도착언어권에 없거나 새로운 개념을 표시하기 위해 출발언어인 외국어를 그대로 옮겨와 표기하는 방식을 말한다. 즉 출발어를 음가대로 도착어로 옮기는 번역기법이다. 예로 "Internet"을 "인터넷," "log on"을 "로그온," "computer"를 "컴퓨터," "fund manager"를 "펀드 매니저"로 번역한 것이다.

② 모사(calque)

차용의 한 방법이다. 출발어의 어휘나 표현을 일대일 대응으로 전환하는 것, 즉 자구대로 도착어로 번역하는 전환이다. 모사번역은 처음에는 도착어권 독자들에게 어색한 표현으로 여겨진다. 그러나 일정한 시간이 지나면서 대체로 관용적인 표현으로 굳어진다. 예로, 정치가들이 흔히 옳지 못한 일을 합리화하는 경우를 "politically correct"라고 하는데 이것을 한국어로 "정치적으로는 정확한"이라고 번역하는 것이 모사이다. 골치 아픈 문제를 "hot potato"라고 표현한 것을 "뜨거운 감자"라고 번역한 것도 같은 예이다.

③ 직역(literal translation)

단어 대 단어로 치환해서 자구적으로 번역하는 것을 말한다. 언어적 차원의 동일성과 문법규칙만을 의식해서 거의 일대일 대응 수준으로 번역하는 것이다. 동일어족이나 동일문화권에 속하는 언어 간 번역에서 주로 나타난다. "He feels better than he has ever felt before."를 "그는 이전의 어떤 때보다 더 기분이 좋다."로 번역하는 정도이다.

(2) 간접번역 기법

① 치환(transposition)

어휘의 의미를 변화시키지 않는 범위에서 출발어 어휘의 품사를 도착어의 다른 품사로 바꾸어 번역하는 것이다. 혹은 담화의 전체적인 의미에는 변화가 없이 담화의 일부를 다른 표현으로 교체하여 번역하는 것이다. "Usually he would arrive five to ten minutes late."를 "그는 5분 내지 10분씩 늦는 것이 보통이었다."로 번역하는 경우가 이에 속한다. 'usually'라는 부사가 보어로 번역되었다. "The cow has four legs."를 "소는 다리가 넷이다."로 번역하는 것도 치환의 예이다.

② 변조(modulation)

어휘의 관점, 환기되는 내용, 사고범주를 전환하여 번역하는 방식이다. 말하자면 텍스트를 보는 관점을 바꾸는 것이다. 특히 문법적으로 정확하게 번역했지만 도착어로 표현했을 때 자연스럽게 표현되지 않았다고 느껴질 때 사용된다. 도로 표지판의 "Stay awake"를 "졸면 위험," "Authorized personnel only"를 "관계자 외 출입금지," "Lost and found"를 "분실물"로 번역한 것이 관점을 바꾼 치환적 번역이다.

③ 등가(equivalence)

포괄적인 의미의 등가와는 구별되는 단순한 번역기법을 지칭한다. 동일한 상황을 표현하지만 SL과 TL에서 사용되는 문체와 문장의 구성이 완전히 달라진다. "There was not a soul."을 "쥐새끼 한 마리 얼씬거리지 않았다."로, "Don't count the chickens before they are hatched."를 "떡 줄 사람은 생각도 않는데 김칫국부터 마시지 마라."로, "The grass is greener on the other side of the fence."를 "남의 떡이 더 커 보인다."로 번역하는 것이다.

④ 번안(adaptation)

출발문화권의 지시 대상을 도착문화권 독자들이 잘 이해할 수 있는 대체물로 전환하는 기법이다. 출발텍스트에 나온 개념이나 상황이 도착어에 존재하지 않는 경우에 등가가 인정되는 새로운 개념이나 상황으로 대체하는 것이다. 오스틴의 소설에 나오는 "gentry"를 한국의 "양반"으로 대체해서 생각할 수 있다. 좀 더 확장된 번안은 번안소설이다. 20세기 초의 이해조의 『철세계』는 쥘 베른(Jules Verne)의 『인도 왕비의 유산』(*Les Cinq Cents*

Millions de la Bégum)을 한국의 배경과 상황으로 바꾸어 번안한 것이다. 조중환의 『장한몽』은 일본작가 오자키 고요(尾崎紅葉)의 원작 『곤지키야샤』(金色夜叉, 금색야차)를 한국의 이야기로 번안하여 이수일과 심순애의 사랑과 배반의 명대사를 유행시켰다.

2) 자국화 (Domestication) 전략과 이국화(Foreignization) 전략

자국화와 이국화 전략은 원문과 번역문의 관계를 중심적으로 고려하는 번역전략이다. 특히 도착텍스트의 독자들이 도착텍스트와 어떤 관계를 설정하게 되는지를 관건으로 삼는 전략이다.

(1) 자국화 전략

번역문, 즉 도착텍스트의 독자가 도착텍스트와 친밀하게 접근할 수 있게 하는 번역전략이다. 도착텍스트는 유창한(fluent) 표현을 지향하면서 텍스트의 외래성(foreignness)을 최소화한다. 즉 번역의 불가시성(invisibility)을 도모하여 도착언어권 독자에게 친숙하게 다가가므로 도착텍스트의 독자들은 이 텍스트가 번역문이라는 것을 지각할 수 없을 정도이다. 그러므로 자국화 전략은 출발텍스트의 문화적 색채를 제거하여 원래부터 도착텍스트였던 것처럼 만든다. 그 점에서 자국화 전략은 차용과 모사와 다르다.

대표적인 자국화 전략의 실례는 고대 로마에서 많이 찾아볼 수 있다. 당시 로마는 그리스어 텍스트를 로마어로 번역하면서 자국화전략을 실행했다. 그리스 신화의 제우스(Zeus)를 쥬피터(Jupiter)로, 아프로디테(Aphrodite)를 비너스(Venus)로, 오디세우스(Odysseus)를 율리시즈(Ulysses)라는 로마식 이름으로 바꾸면서, 이들을 다룬 이야기가 마치 처음부터 로마의 신화인 것처럼 전유(appropriate)했던 것이다.

근대에 이르러서는 영국이나 프랑스 등의 식민제국들이 피식민지의 문화를 받아들여야할 경우에 자국화 전략을 사용했다. 식민제국의 우수성을 강조하고 피식민지를 열등한 존재로 폄하하기 위해서 피식민지의 문화를 마치 원래부터 자국의 문화인 것처럼 번역했던 것이다. 현대에는 특히 미국의 출판시장에서 외국작가의 번역작품을 더 많이 팔기 위해서 자국화 전략을 이용한다. 미국독자들은 대체로 타문화나 타언어에 비교적 관심이 없으므로 이들이 익숙하게 받아들일 수 있도록 접근성과 유창성을 담보로 하는 자국화 전략으로 대중적 성공을 보장받는 것이다. 이처럼 자국화 전략은 접근성과 유창성(accessibility and fluency)을 최우선의 과제로 삼으면서 대신 문화적 특수성의 희생을 담보로 한다. 즉 자국화 번역은 다소 생소하고 낯선 문화적 내용을 도착텍스트 독자의 눈높이나 경험에 맞추어 친숙한 요소들로 순화시켜 전달하므로, 낯선 문학작품을 통해 도착텍스트 독자들이 자신의 경험을 확대할 수 있는 기회를 박탈하는 셈이다. 자국화 전략은 도착텍스트 독자의 지식을 호도할 위험을 안고 있다고도 할 수 있다. 한국의 전래문학을 미국의 독자를 대상으로 옮길 경우에 어느 정도 자국화 전략을 쓸 것인지에 따라 그 효과가 크게 달라질 것이다.

(2) 이국화 전략

이국화 전략은 독일의 고전주의와 낭만주의 시기에 시작된 전략이다. 번역독자, 즉 도착텍스트의 독자를 도착텍스트가 아니라 출발텍스트에 접근시키면서, 외국문화의 존재와 의미를 중요하게 인지시키는 것을 지향하고자 한다. 출발텍스트의 외래성(foreigness)을 고의적으로 강조하면서, 전략적으로 낯설게하기를 선택한 것이다. 따라서 유려하지 않은 도착어 표현이 어느 정도 허용이 되므로 직역 전략과 유사하다. 번역작품이 유창하면 할수록 번역자의 존재는 눈에 띄지 않게 되지만, 이국화 전략을 택한 번역텍스트를 읽는 도착어권 독자는 출발텍스트와 번역자의 가시성(visibility)을 항상 의식하게 된다. 이국화 번역은 원본의 문화적, 언어적 외래성을 존중하고 드러내므로, 이처럼 이국화 전략을 선택한 번역문을 통해 번역문 독자들은 출발텍스트와의 언어적 문화적 차이를 인지하게 된다. 베누티(Lawrence Venuti) 같은 일부 번역학자들은 번역자들이 어떤 식으로든 원본 텍스트의 외국성을 강조해야 한다고 주장한다. 도착텍스트의 독자들이 자신이 읽고 있는 책이 다른 문화권의 다른 곳에서 만든 작품이라는 것을 반드시 알아야 한다는 것이다. 출발텍스트의 흔적을 모두 지워버리는 자국화 전략은 도착어권 문화가 타국의 문화를 전유해버리는(appropriate) 비윤리적인 방법이 될 수도 있다고 보는 것이다. 즉 자국화 번역은 외국텍스트를 '폭력적으로' 전유하는 반면, 이국화는 원천텍스트의 이국적 정체성을 강조하면서 원천 텍스트를 목표문화권의 이데올로기적 지배로부터 보호하는 방법이라고 주장한다.

17. 번역의 실행

지금까지 살펴본 여러 이론적인 배경을 바탕으로 실제 번역을 실행할 때 고려할 점을 다시 정리해 보자.

1) 번역의 목적을 주지해야 한다. 즉 번역물이 도착언어권에서 어떤 기능을 수행할 것인지에 대한 명확한 목적의식을 가지고 그 기능에 충실한 번역전략을 구사하도록 해야 한다.

2) 원문을 정확하게 이해하고 분석해야 한다. 그를 위해서 번역자는 다양한 관점에서 원문을 이해해야 한다. 이를 좀 더 구체적으로 말하면 다음과 같다.

(1) 번역자는 출발언어권 문화를 충분히 이해하는 독자의 위치에서 자신의 번역상황을 고려해야 한다.
(2) 번역자는 원저자가 의도한 독자와 읽을 가능성이 있는 독자의 위치에 동시에 서야 한다.
(3) 도착언어권 문화에 익숙한 번역문 독자의 입장에서 원문을 받아들여야 한다.

3) 번역목적에 부합하는 도착언어로의 재구성을 효과적으로 수행

하여야 한다. 번역 현장에서 출발텍스트와 도착텍스트 사이에 존재하는 많은 차이를 해소하고 도착텍스트를 출발텍스트의 등가물로 만들기 위해 많은 전환을 고려해야 한다. 그 구체적인 것은 다음과 같다.

(1) 정보성 차이조절

번역자는 출발언어권과 도착언어권의 정보의 차이를 조절하는 방법을 다양하고 적절하게 사용해야 한다. 예를 들면, 원문의 정보가 생소할 때 번역자는 다양한 방법을 써서 도착텍스트의 독자의 이해를 향상시킬 수 있다. 번역문에서 원래의 정보를 보존하면서 설명을 추가하거나, 도착언어권의 독자에게 잘 알려진 다른 단어나 구문으로 바꾸거나, 원문에 있던 정보를 번역문에서는 축소하거나 생략할 수도 있다. 번역문에 설명을 추가하는 경우에는, 번역문의 본문 속에서 설명을 풀어쓰거나, 본문 내에서 괄호를 하고 역주 표시를 하고 설명을 추가하거나, 각주를 달거나, 책의 끝 부분에 용어해설을 하는 등의 다양한 방법을 이용한다.

(2) 텍스트 구성 변화

출발텍스트의 정보 전달 방식이 도착언어권의 정보 전달 방식과 다를 경우에 도착언어권의 방식으로 텍스트를 재구성하는 것이 바람직하다. 예를 들면 영어에서는 처음에 애매한 정보가 나오고 나중에 구체적인 정보가 나오는 경우가 있는데 한국어로 번역할 때는 그 순서를 바꾸는 것이 적절하다.

(3) 길이 조절

도착텍스트의 길이가 출발텍스트의 길이와 달라질 수도 있다. 특히 영상 번역의 경우에는 양적인 면에서 도착텍스트가 출발텍스트와 현저히 달라질 수 있다.

(4) 도량형 조절

번역자는 번역상황에 따라 출발문화권의 도량형을 번역문에서도 그대로 이용할 것인지, 아니면 도착문화권의 도량형으로 바꿀 것인지를 결정할 수 있다. 예로, 영어의 도량형인 "mile"이나 "pound"를 킬로미터나 킬로그램으로 바꾸는 것이 더 적절할 것인지 아닌지를 판단해야 한다.

(5) 대우법 조정

텍스트에 등장하는 인물들의 관계에 따라 어떤 존칭을 사용하는 것이 적절할 것인지에 대한 조정을 해야 한다. 존대법이 거의 없다고 할 수 있는 영어권 텍스트를 다양한 존대법이 있는 한국어로 번역할 경우에 번역자는 텍스트 전체를 먼저 살펴보고 인물 간의 상하 관계를 파악하여, 극존칭, 반존칭, 하대 등을 결정해야 한다. 특히 존대를 할 인물과 하대를 할 인물이 같이 대화상대로 있을 경우에 어떻게 존대법을 이용할 것인지는 상당히 혼란스럽고 어려운 일이므로, 번역자의 고심이 필요하다.

(6) 방언

번역자는 원문의 지리적·시대적·사회적 방언을 고려하여 도착텍스트에 고려할 것인지 아닌지를 결정하여 번역해야 한다. 번역자는 원문의 방언적 요소를 도착텍스트에 반영하기 위해 원문의 방언과 대체할 적절한 방언을 도착언어권에서 찾을 수도 있다. 이 경우에는 지나친 자국화를 하면 오히려 어색할 수가 있다. 예를 들면 미국 작가인 마크 트웨인(Mark Twain)의 『허클베리 핀의 모험』(*The Adventures of Huckleberry Finn*)은 주인공인 헉(Huck)의 일인칭 소설이다. 헉은 미국 남부 미시시피 강 유역의 한니발(Hannibal)에 거주하며 전혀 교육을 받지 못한 거지 소년이다. 따라서 헉의 영어는 남부 사투리이며 그의 어휘는 교육을 받지 못한 무식함을 드러낸다. 그런데 한국의 한 번역자는 이 소설을 번역하면서 헉의 말투를 경상도 말투로 옮겼다. 그래서 번역소설을 읽는 내내 어색하다는 느낌을 떨칠 수 없었다. 미국 남부 소년이 "아이다. 밥 묵었다." 같은 경상도 사투리를 쓴다고 상상해보라. 이런 넌센스를 피하기 위해서 번역자는 도착어 표현에서 전혀 새로운 방언을 창조할 수도 있다. 안정효는 남부의 흑인 노예의 사투리를 번역하면서 자신이 어떻게 새로운 사투리를 창조했는지를 설명하고 있다.[10] 그러나 출판사에서는 가독성을 고려해서 표준어를 쓰는 것을 선호하므로 이런 점도 번역을 할 때 고려해야 한다.

---

10) 안정효, 『안정효의 영어 길들이기: 번역편』(서울: 현암사, 2006), 60~64.

2장 번역의 지침

1. 번역자는 지식이 많아야 한다.

좋은 번역을 하려면 번역자는 언어에 대한 훌륭한 구사력도 있어야 하지만 문화에 대한 깊은 이해도 지니고 있어야 한다. 김주영의 『객주』[1]를 영어권 독자를 위해 영역을 한다고 가정하고 다음 인용문을 읽으면서 어떻게 번역할지 생각해보자.

> 계곡을 끼고 새재(鳥嶺, 조령)로 기어오르는 에움길을 봉산 수숫대같이 키가 멀쩡한 불상놈 하나가 봉발(蓬髮)을 하고 열고나게 기어오르고 있었다. 보아하니 행색의 초라함은 양주골 홀아비 꼴이었지만 행전 하나는 단단히 쳐져 있었고, 어디서 잡았는지 어깨엔 토끼 한 마리가 밀치끈에 꽁꽁 묶여 매달려 있었다.
> 사내는 부지런히 길을 줄이다가 문득 개천으로 내려가는 자드락길로 바꾸어 잡았다. 개천에는 복찻다리가 가로놓여 있었고, 복찻다리 건너 기슭에는 박달나무 숲이 무성했다. (『객주』 1권, 13)

---

1) 1979년 6월부터 1983년 2월까지 1465회에 걸쳐 서울신문에 연재되었고, 1984년 주인공 천봉삼이 살아있는 결말로 9권으로 책으로 출판되었다. 이후 2013년 천봉삼의 죽음으로 완성된 10권이 출간되었다. 이두호가 2002년에 만화 『객주』를 출간했고, 1983년에 드라마로 1차 제작되었고, 2015년 다시 드라마로 제작되었다.

위의 예문을 읽어 보면 알 수 있듯이, 한국인 독자라 하더라도 19세기 말 조선 말기 고종(高宗) 시대의 보부상을 다룬 소설 『객주』를 제대로 이해하기는 쉽지 않다. 평범한 독자가 잘 알지 못하는 단어나 구문을 상당히 많이 포함하고 있기 때문이다. 김주영은 바로 그 점을 잘 알고 있으므로 독자의 이해를 돕기 위한 여러 설명을 붙여 놓았다. 이해를 돕기 위해서 어떤 단어 옆에는 한자를 붙이기도 했고, 에움길,[2] 봉발,[3] 밀치끈,[4] 자드락길,[5] 복찻다리[6] 등에 대한 각주를 달아 놓기도 했다. 그런 친절한 도움에도 불구하고 일반 독자들이 "불상놈," "열고나게," "행전" 등의 단어와, "봉산 수숫대," "양주골 홀아비" 등의 비유를 이해하기는 쉽지 않다. 그러나 비록 이런 어휘나 표현을 모른다 하더라도, 그래서 굳이 국어사전을 펼치지 않고서도, 한국 독자들이 『객주』의 내용 전체를 이해하는데 큰 무리를 느끼지는 않는다.

그러나 이 소설을 영어권 독자를 위해서 번역을 하려는 번역자의 입장은 달라진다. 제대로 된 번역을 하려면 번역자는 본인이 잘 모르는 낯선 어휘나 표현 뿐 아니라, 막연히, 혹은 감각적으로 의미를 알고 있던 어휘나 표현까지도 샅샅이 찾아서 이해를 해야 한다. "봉산 수숫대같다"는 표현은, 황해도 봉산에서 나는 수숫대가 유달리 키가 큰데서 나온 비유로, 키가 멀쑥하게 큰 사람을 일컫는다. "양주골 홀아비 꼴"은, 행색이 초라하고 고달파 보이는 사람을 일컫는 표현이다.

---

2) 굽은 길.

3) 봉두난발(蓬頭亂髮)의 준말. 쑥대머리로 더부룩하게 엉클어진 머리털.

4) 마소의 꼬리 밑의 밀치에 걸어 안장 또는 길마에 잡아매는 끈.

5) 산기슭의 비탈에 난 좁은 길.

6) 큰길을 가로지른 작은 개천에 놓은 다리.

이 표현을 이해하고 나서야, 봉산이나 양주골 같은 지명을 그대로 살려서 번역문에 쓸 것인지, 아니면 그 의미만을 포착해서 번역할 것인지를 결정할 수 있게 된다. 번역자는 『객주』라는 출발텍스트의 사전적 의미, 문맥적 의미, 상황적 의미, 문화적 의미 등을 정확하게 이해할 수 있는 지식을 사전에 갖추고 있거나, 아니면 번역을 맡은 이후에 충실히 공부를 해야 한다.

출발텍스트로서의 『객주』에 대한 이해가 선행된 이후에, 번역자는 한국의 문화에 익숙하지 않은 영어권 독자를 위해서 어떤 번역전략을 택할 지를 고민하게 된다. 영어권 독자에게는 생소한 한국의 문화를 친근하게 전달할 수 있는 번역 전략, 즉 접근성과 유창성을 우선하는 자국화 전략을 쓸 것인지, 아니면 한국의 고유한 문화소를 더 잘 각인시키는 것에 주력하는 이국화 전략을 쓸 것인지를 결정해야 한다. 또한 번역과정에서는 매번 구체적으로 어떤 번역기술을 사용할 것인지를 선택해야 한다. 이런 고심과 선택을 통해 보다 나은 번역결과물이 탄생할 수 있을 것이다.

번역을 완성한 후에는 반드시 퇴고 작업이 필요하다. 원문을 보지 않고 번역문만 읽으면서, 과연 도착텍스트가 도착어로 적절하고 자연스럽게 표현되어 있는지를 살피는 것이 퇴고 작업이다. 사실 원문을 보면서 번역하는 중에는 아무래도 번역자는 원문의 언어 구성에 몰두하는 경향에 빠지게 된다. 따라서 번역물이 자연스럽지 않은 도착어 표현, 달리 말하면, 출발어의 언어 구성을 따른 듯한 표현, 소위 번역체를 따르게 되는 경우가 많다. 예로, 영어 문장에는 항상 주어가 있고 한국어에는 주어가 감추어져 있는 경우가 많은데, 영어를 한글로 번역할 경우에 한글 번역문에서 어색할 정도로 주어가 많이 발견되는 상황이 생겨난다. 그러므로 퇴고작업을 통해서, 한글 번역문을 읽으면서, 언어 구조, 문법, 표현 등에서 어색한 부분을 정리하는 작업이 반드시 필요하다. 또한 영어를 모국어로 하지 않는 번역자가 한글 원문을 영어로 번역한 경우에는 반드시 영어 모국어 사용자의 감수를 받아서 자연스러운 번역결과물이 나오도록 해야 한다.

2. 직역이냐 의역이냐?

우리가 지금까지 해온 것은 번역이 아니라 해석이라는 점을 먼저 주지해야 한다. 영어문장을 해석하는 학생들이 흔히 하는 질문이, "선생님, 의역을 할까요? 직역을 할까요?"라는 것이다. 학생들은 영어의 문법 구조를 따라가면서 한국어로 바꾼 다소 딱딱한 번역을 직역이라고 생각하는 반면, 영어의 문법 구조를 다소 무시하고 자연스런 한국어로 번역한 것을 의역이라고 생각한다. 물론 일부 번역학자들도 그런 분류를 제시하기도 한다. 그러나 실제로 번역을 하다 보면, 번역자의 성향에 따라, 혹은 번역문의 장르나 성격에 따라, 번역문이 딱딱한 문체를 택할 수도 있고 부드러운 문체를 택할 수도 있다. 따라서 딱딱한 번역이 직역이고 부드러운 번역이 의역이라는 이분법적인 분류는 옳지 않다. 차라리 잘된 번역, 좋은 번역과 잘못된 번역, 나쁜 번역이 있다는 말이 더 타당할 것이다. 학생들이 자신이 직역을 했다고 주장하는 번역을 읽어보면 때로는 그 의미를 이해할 수 없는 경우가 있다. 그렇다면 그 번역은 직역이 아니라 잘못된 번역, 즉 오역이다.

번역을 직역과 의역으로 분류할 수 없으며, 상황에 따라 맞는 번역이 있을 뿐이라는 예를 한 번 살펴보자. "I can't wait."를 "(난) 기다리지 못하는데."라고 번역하면 직역이고, "지금 보고 싶어."라고 번역하면 의역일까? 사실은 문맥과 상황에 따라 둘 다 올바른, 적절한 번역이라고 할 수 있을 것이다. 우리가 약속 장소에서 친구를 기다리고 있는데 그 친구가 전화를 해서 좀 더 기다려 달라고 한다. 하지만 그럴 수 없어서, "I can't wait."라고 한다면, "(난) 기다리지 못하는데."가 적절한 번역이다. 반면, 엄마가 아들에게 크리스마스 선물을 주면서 크리스마스 아침에 뜯어야 한다고 말한다. 그러자 어린 아들이, "I can't wait."라고 한다면, "지금 보고 싶어."가 적절한 번역이다. 화장실 앞에서 용변이 급한 동생이 안에 있는 누나에게 빨리 나오라고 하면서, "I can't wait."라고 한다면, "더 이상 못 참겠어."라고 하는 것이 적절한 번역이다. 이처럼 같은 말이라도 상황과 문맥에 따라 다양하게 번역되는 것이 더 적절하고 좋은 번역이기 때문에, 굳이 직역과 의역으로 나누는 것은 적절하지 않다.

3. 번역을 시작하기 전에 먼저 전체의 계획을 세우자.

번역을 할 때 사전을 들고 처음부터 번역하기 시작하는 일은 가장 좋지 않은 번역 태도이다. 번역자는 번역을 시작하기에 앞서 먼저, 번역 대상인 텍스트 전체를 읽어 본 후 그 글의 의미 뿐 아니라, 장르, 성격, 분위기, 문체, 어휘 등을 파악해야 한다. 그래야 원문의 의미를 정확히 옮기고 원문과 같은 효과를 내기 위해서, 번역문의 장르를 어떻게 설정할 것인지, 번역문의 성격, 분위기, 문체, 어휘를 어떻게 정할 것인지를 결정할 수 있다. 번역문의 목적이 원문과 다른 번역문을 창조하는 것이 아니라면, 번역문은 최대로 원문과 등가의 효과를 내도록 노력해야 한다. 그러기 위해서는 무엇보다도 원문을 전체적으로 본 후에 번역방향을 설정하고 나서 번역을 시작해야 한다.

예를 들어, 번역문은 원문의 어투와 문체를 따라야 한다. 만일 원문이 지겹고 장황한 문체로 되어 있다면 번역문도 지겹고 장황한 문체를 사용하는 것이 적절하다. 콜롬비아의 소설가 가브리엘 가르시아 마르케스(Gabriel José de la Concordia García Márquez)의 대하소설인 『백 년 동안의 고독』(*Cien Años de Soledad*)은 문체가 길고 장황하기로 유명하다. 한 문장이 무려 한 페이지가 넘는 경우도 있다. 영국의 찰스 디킨즈(Charles Dickens)의 소설 『작은 도릿』(*Little Dorrit*)에서 미망인인 플로라(Flora Casby)는 숨도 쉬지 않고 끝없이 말을 하며 그녀의 말은 쉼표나 마침표 없이 연이은 여러 문장으로 표현된다. 이런 원문을 도착어 독자가 이해하기 쉽도록 여러 문장으로 간결하게 나누어서 표현하는 것은 그야말로 번역이 아니라 원문을 훼손한 '반역'이라고 할 수 있을 것이다.

반면 미국의 작가인 헤밍웨이(Ernest Hemingway)는 그가 개발한 하드보일드 문체(hard-boiled style, 강건체)로 유명하다. 복문이나 중문이 거의 없이 짧은 단문으로 연결되면서, 수식어 사용은 최대한 억제된다. 또 인간의 감정보다 행동을 주로 묘사하면서 감정적 과잉을 극도로 경계한다. 헤밍웨이의 소설, 『무기여 잘 있거라』(*A Farewell to Arms*)나 『누구를 위해 종을 울리나』(*For Whom the Bell Tolls*)를 읽어보면 죽음을 직면한 비극적인 상황에서도 감정이 극도로 절제되어 있다. 이런 특징을 가진 헤밍웨이의 소설을 번역하면서, 짧은 문장을 서로 이어 장황하게 번역한다면 그 역시 헤밍웨이에 대한 반역이 될 것이다.

또 원문의 장르가 결정되어야 원문의 어휘를 번역문에서 어떤 어휘로 번역할 것인가를 결정할 수 있다. 만일 원문이 의학논문이라면 번역문은 "암을 생기게 하는 물질" 같은 표현보다는 "발암물질"이라는 의학용어를 사용해야 한다. 원문이 주식시장의 시황을 다루는 신문 경제 기사라면 번역문 역시 도착언어권의 전문 주식용어를 사용해야 한다.

어휘는 그 말을 하는 사람의 직업이나 개성을 드러내는 것이므로 원문 전체에서 그 인물의 직업이나 성격이 어떻게 규정되는지를 총체적으로 파악한 후에 번역을 해야 한다. 그 인물이 "I woke up at 06:30."라고 말할 때 그 사람이 일반인이라면, "난 6시 30분에 일어났어."라고 번역해도 좋지만, 군대에서 상사에게 하는 말이라면, "공 육시 삼십분에 기상했습니다."라는 표현이 더 적절할 것이다. 어휘 자체에서 인물의 개성이 드러나는 경우도 많다. 예를 들어 "I bought a book."이라고 말하는 인물과, "I purchased a book."이라고 말하는 인물의 개성은 분명히 다르므로 번역문에서도 구별되어야 한다. 첫 번째 인물은 소박한 성정의 사람일 것으로 짐작되며, "나 책 샀어."라고 번역하는 것이 타당할 것이다. 두 번째 인물은 "purchase"라는 단어를 사용한 것으로 보아 과시적인 성향이므로, "나 책 구매했어."라고 번역하는 것이 더 적절할 것이다.

문학작품, 특히 소설을 번역하는 경우에는 더욱 더 원문 전체를 다 읽고 원문의 의미, 분위기, 암시 등 다양한 면을 파악한 후 번역 방향을 정하는 것이 필수적이다. 특히 한국어로 번역하는 경우에 한국어의 존대법을 적절히 사용하기 위해서는 소설 전체를 읽은 후 소설에 등장하는 여러 인물들 간의 관계를 파악하여 관계도를 만들어야 한다. 그래야 각 인물들 간의 대우법, 즉 존대를 할 것인지, 반존대를 할 것인지, 반말을 할 것인지 등의 여부를 적절히 설정할 수 있다. 장편소설을 번역하면서 긴 시간을 보내는 경우에는 처음에 설정한 기준이 흔들리거나 혼동을 일으키는 경우도 있으므로, 이런 인물 관계도를 도표화해서 옆에 두는 것이 효과적이다. 또한 각 등장인물의 성격을 파악하여 각각에 맞는 말투를 정하고 이 특징들도 간략히 적어 두는 것이 장편소설을 번역할 때의 효과적인 작전이기도 하다.

4. 문화적인 차이와 문맥을 고려하자.

번역자는 두 언어권 사이의 문화적 차이를 고려한 번역을 하도록 주의해야 한다. 같은 어휘라도 문화적인 의미가 달라질 수 있기 때문이다. 예를 들면 "돼지"라는 단어는 한국과 프랑스에서 전혀 다른 뜻으로 사용된다. 한국문화에서는 많이 먹는다는 뜻으로, "저는 돼지처럼 먹어요."라고 한다. 그런데 그 표현을 그대로 프랑스어로 번역해서, "Je mange comme le cochon."이라고 하면 많이 먹는다는 뜻을 전달하지 못한다. 프랑스에서 돼지는 지저분하다는 연상을 일으키므로 그 말은 "돼지처럼 지저분하게 먹는다."는 뜻이 되기 때문이다. 또 다른 예를 들어보자. "Les Français sont des veaux."를 "프랑스인들은 송아지들이다."라고 번역하면 그 의미를 전달하지 못하게 된다. 프랑스에서 송아지는 은유적으로 멍청이나 게으름뱅이를 의미한다는 것을 이해할 때 제대로 번역할 수 있다.

한편 프랑스어 "Hallo?"와 "Ça va?"를 한국어로 번역할 때는 크게 고려하지 않아도 된다. "Hallo?"는 프랑스에서도 전화를 걸 때의 표현이므로 한국어로 "여보세요?"라고 번역하며, "Ça va?"는 인사말이므로 한국어로, "안녕?" "안녕하세요?"로 번역하면 된다. 그러나 영어 "Hello?"를 한국어로 번역할 때는 어떻게 될까? 영어에서는 전화 표현과 인사 두 경우에 다 사용되므로 문맥과 상황을 살펴서 한국어로 "안녕하세요?"라고 할지, "여보세요?"라고 해야 할지를 결정해야 한다. 이처럼 번역 현장에서는 언어의 문화적인 차이를 고려해서 번역해야 한다.

문화적 차이를 어떻게 번역할 것인지는 번역자의 선택이다. 도착지 독자들에게 잘 받아들여지는 것을 최우선 목적으로 삼는 경우는 무엇보다도 접근성과 유창성을 지향하는 자국화 전략을 선택할 수 있다. 반면 출발지의 문화의 특성을 도착지 독자에게 알리면서 문화적 다양성에 대한 경험과 이해의 폭을 넓히는 것을 더 우선적인 목적으로 한다면, 유창성을 다소 손해보더라도 원래의 문화적 속성을 최대한 유지해서 전달하는 이국화 전략을 쓸 수 있다. 그 선택은 무엇보다도 번역자에게 달려 있다. 번역자가 출발지의 구체적인 문화를 도착지에 알리고자 하는 문화적 대사로서의 사명의식을 더 중요하게 생각할 수도 있을 것이고, 아니면 도착지 독자들이 쉽게 받아들이게 해서 대중적인 성과를 거두는 것을 더 우선하고 출발지의 문화를 알리는 것은 차선으로 둘 수도 있다.

예를 들면, 영어로 된 원문에서 "He is a Shylock."이라는 표현을 한국어로 어떻게 번역할 것인가? 번역자는 셰익스피어의 『베니스의 상인』에서 유대인 고리대금업자인 샤일록이 지독하게 돈에 집착하는 구두쇠라는 것을 알고 있다. 그래서 번역자는 번역문에서, "그는 구두쇠이다."라고 번역할 수 있을 것이다. 그런데 번역자가 샤일록이라는 영국의 문화적 요소를 한국독자에게 소개하고 싶다면, "그는 샤일록같은 놈이다."라고 번역하면서, 바로 그 문장 뒤에 "(역주: 영국의 극작가인 셰익스피어의 『베니스의 상인』에 등장하는 유대인 고리대금업자로 구두쇠의 전형)"이라는 역주를 달아 독자의 이해를 도울 수 있다. 혹은 위의 역주를 페이지 아래에 따로 각주를 달아 설명할 수 있다. 혹은 "그는 샤일록같은 구두쇠다."라고 본문 속에 확장 번역을 해서 출발지의 문화를 전달할 수도 있다. 이처럼 번역의 최종 결과는 의미를 훼손시키지 않는 한도 내에서 상당 부분이 번역자의 선택에 달려있으므로 번역자는 더 좋은 번역을 만들기 위해서 치열하게 고민하여야 한다.

번역자는 두 언어권의 문화적 차이 뿐만 아니라 텍스트 내의 문맥에 따른 차이에 따라서 번역이 달라져야 한다는 점도 지각하고 중요하게 고려해야 한다. 어휘의 경우만 몇 가지 예를 들어보자. 영어 "president"는 다양한 의미를 가지고 있으므로 한국어로 번역할 때 상황과 문맥을 잘 살펴보고 적절하게 번역해야 한다. 대학교의 총장, 국회의 의장, 국가의 대통령 등 다양한 번역이 가능하기 때문이다. 또 "There's not a man."의 번역을 "사람이 하나도 없었다."라고 번역할지, "남자가 하나도 없었다."로 할지 문맥을 살펴야 한다. 누군가가 "Hot! Hot!"이라고 소리칠 때 "뜨거워!"라고 번역할지, 혹은 "매워!"라고 번역할지도 문맥을 살펴야 가능한 일이다. "Attention!"을 번역할 때도, 만일 학교에서 수업을 하는 중에 선생님이 학생들에게 "Attention!"이라고 했다면, "주목하세요!"라고 번역하겠지만 군대에서 상관이 부하들에게 하는 말이었다면, "차렷!"으로 번역해야 할 것이다.

"Queen"이라는 단어는 잘 알기 때문에 무심코 번역의 실수를 범하기 쉬운 어휘 중의 하나이다. "Queen Elizabeth"를 무조건 "엘리자베스 여왕"이라고 번역했을 때 오역이 될 수도 있다. 영국의 조지 6세의 부인도 "Queen Elizabeth"이며, 19세기 오스트리아 합스부르크(Hapsburg) 왕가의 프란츠 요제프 1세(Franz Joseph I)의 부인도 "Queen Elizabeth"이기 때문이다. 따라서 문맥을 살펴보아 "엘리자베스 여왕"(1세와 2세인지도 구별할 필요가 있다.)인지, 혹은 조지 6세의 부인인 "엘리자베스 왕비"인지, 혹은 요제프 1세의 부인인 "엘리자베트 황후"[7]인지, 정확히 번역해야 한다. 이를 제대로 구별하지 않는 것은 외국에 수출된 한국의 유명한 뮤지컬인 〈Queen Myungsung〉을 "명성 여왕"으로 번역하는 오류를 범하는 것과 마찬가지이다.

5. 도착어의 어법을 따르자.

번역이론에서도 이미 언급했듯이, 번역문은 도착어의 어법을 존중해야 하며 자연스러운 도착어로 표현되어야 한다. 그러나 학생들은 영어를 배우기 시작한 순간부터 영어를 우리말로 해석하는 방식으로 공부를 하는 경향이 있다. 따라서 학생들은 어느새 우리말을 쓸 때도

7) 발음의 번역도 주의해야 한다. "Elizabeth"가 영국인이라면 그 발음의 외국어표기법에 따라 "엘리자베스"라고 번역하지만 오스트리아의 황후는 "엘리자베트"라고 번역하여 오스트리아의 발음을 살려주어야 한다. "요제프"는 "Joseph"의 오스트리아식 발음이며, 만약 영국인이라면 조셉, 성경에 나오는 인물이라면 요셉으로 번역해야 한다.

영어식 어법을 많이 사용하는 경향을 보인다. "왜냐하면…," "그럼에도 불구하고…" 등의 표현은 사실상 원래의 우리말에서는 찾아볼 수 없던 어법이지만, 요즘은 학생들 뿐 아니라 방송에서도 많이 사용할 정도로 영어식 어법이 우리말을 지배한 상황이다.

특히 학생들이 사용하는 영어식 어투는, "나는," "내가," 등의 대명사 사용, "그리고," "그러나," 등의 접속사 사용, 복수 사용 등의 모습으로 많이 나타난다. "I met many people in many countries."를 "나는 많은 나라들에서 많은 사람들을 만났다."라는 어색한 우리말로 번역하는 실수들을 곧잘 찾아볼 수 있다. 또 "have" 동사가 있는 문장을 "~를 가지고 있다."로 어색하게 번역하는 예도 허다하다. 예를 들면, "Our town has many buildings."를 "우리 마을은 많은 빌딩들을 가지고 있다."로 번역하는 것이다.

자연스러운 한국어 번역문을 완성하기 위해서는 번역의 최종결과물을 살펴보면서 영어식 표현을 최대한 생략하려는 노력이 필요하다. 영어식 표현을 최대한 줄이는 가장 좋은 방법은 원문을 보지 않고 번역문만을 읽으면서 퇴고를 하는 것이다. 퇴고는 번역문 자체만 보면서, 자연스러운 도착어로 잘 표현되어 있는지, 접근성과 유창성이 좋은지, 가독성이 좋은지를 판단하고 수정하는 작업이다. 번역이 아무리 잘 된 것 같아도 퇴고를 하다보면 자연스럽지 않고 어색한 표현들이 많이 발견되므로 퇴고 작업이 얼마나 중요한지 새삼 알게 된다. 퇴고 작업은 번역을 완성하고 나서 다소의 시간이 지난 후에 하거나, 아니면 번역 능력이 있는 다른 사람에게 객관적인 읽기를 부탁하는 것이 좋다.

6. 고유명사를 제대로 번역하자.

고유명사의 번역은 기본적으로는 외국어표기법을 따르되 최대한 각 언어권의 발음을 음가대로 표기해주는 것을 원칙으로 한다. 오늘날과 같은 국제화 시대에는 영어권의 인명이나 지명 뿐 아니라, 베트남, 라오스, 태국과 같은 동남아 국가들, 다양한 토착어가 있는 아프리카의 인명이나 지명을 번역하게 되는 경우도 많아서 번역자는 이들 발음을 정확하게 음가로 번역하려면 많은 노력을 해야 한다. 번역자는 인터넷을 비롯한 많은 참고자료를 살펴보고, 심지어 그 나라 사람에게 직접 물어보는 등의 성실한 노력을 경주하여 최대한 원어의 발음에 가까운 음가를 살려주도록 노력해야 한다.[8]

사실 영어권 국가의 인물의 이름을 제대로 발음해 주는 것도 만만한 일은 아니다. 미국만 하더라도 서유럽, 동유럽, 북유럽 뿐 아니라 남미, 아시아 등 세계 각국에서 모여든 이민자들이 형성한 나라이므로 지명이나 인명들이 그야말로 다양하다. 그래서 미국의 토크쇼 앵커들은 초대 손님의 이름이 조금이라도 특이하면 반드시 손님에게 직접 발음을 확인한다. 번역가도 그런 노력을 경주해야 한다.

똑같은 이름이라도 지리적 위치나 상황에 따라 다른 식으로 번역할 수 있으므로 번역자는 고유명사를 번역할 때도 문맥이나 상황에 주의를 기울여야 한다. 예를 들면 "Joseph"이라는 이름이 영국인이라면 "조셉"으로 번역할 수 있지만 독일인이라면 "요제프"라고 번역해야 한다. 만일 성경을 번역하는 중이었다면 이미 한국인에게 익숙한

---

8) 고유명사 번역에 대한 자세한 논의와 예문에 대해서는 안정효의 『영어 길들이기』 124-148 참조.

이름인 "요셉"으로 번역하는 것이 적절할 것이다. "Peter"의 번역도 그와 비슷한 상황이다. 영어의 "Peter"는 러시아에서는 "Pyotr," 프랑스에서는 "Pierre"로 표기된다. 그러므로 만일 영국인이라면 "피터," 러시아인이라면 "표트르," 프랑스인이라면 "삐에르"로 번역해야 되는 것이다. 그리고 러시아어 성경의 "표트르," 프랑스어 성경의 "피에르," 영어 성경의 "피터"는 한국어 성경에서 모두 "베드로"로 번역하는 것이 한국적 번역 상황에서 가장 잘 된 번역이라고 할 수 있다.

번역자는 낯선 고유명사가 나오면 다양한 출처를 이용해서 정확하게 표기하려는 성실한 노력을 해야 한다. 그런데 어이없는 실수는 익숙한 지명이나 인명이 나올 때 잘 일어난다. 그래서 잘 아는 고유명사가 나와도 돌다리도 두들기고 건너는 심정으로 정확한 발음을 확인할 필요가 있다. 필자도 제인 오스틴의 『이성과 감성』(*Sense and Sensibility*)을 번역하면서 이런 실수를 한 적이 있다. "Reading"이라는 지명이 나왔는데 익숙한 단어라서 단숨에 "리딩"으로 번역했던 것이다. 만일 필자가 축구를 좋아하는 사람이었더라면 유명한 축구 그룹의 본원인 "레딩"이라는 것을 알았을텐데. . . .

고유명사를 잘못 번역한 근래의 유명한 실례는 『해리 포터』의 한국어 번역본이다. 『해리 포터』 시리즈의 1권인 『해리 포터와 마법사의 돌』이 처음 번역되어 출판되었을 때 여주인공인 "Hermione"[9]가 "헤르미온느"로 번역되었다. 그러나 이 소설은 영국을 배경으로 한 소설이므로 영어식 발음인 "허마이어니"로 번역되어야 했다. 그런데 아마 역자는 알파벳을 보고 적당하게 번역한 것 같다. 이 번역의 문제는 〈해

9) 그리스 신화에서 스파르타의 왕인 메넬라오스(Menelaus)와 헬렌(Helen)의 딸로 우리 사전에는 헤르미오네라고 번역됨.

리 포터〉 영화가 상영되면서 부각되었다. 『해리 포터』가 3편까지 번역되었을 무렵 영화가 개봉되었는데 이때 한국의 영화 관객들은 이상한 경험을 해야 했다. 분명히 귀에는 "허마이어니"라고 들리는데 자막에는 계속해서 "헤르미온느"라고 나오는 것이었다. 필자가 짐작하기에는 영화 번역자가 이 이름의 표기를 두고 상당히 고민이 많았을 것으로 보인다. 이미 3권까지 출간된 『해리 포터』의 수많은 애독자들이 동시에 영화의 관객들이었는데, 이들은 소설을 읽으면서 헤르미온느라는 이름을 깊게 각인하고 있었기 때문이다. 영화에서 새삼 허마이어니라고 바꾼다면 오히려 영화를 낯설게 만들게 되지 않을까? 그렇다면 소설의 이름을 자막 번역에서 그대로 차용하는 것이 낫지 않을까? 자막 번역자는 후자를 선택해서 헤르미온느라는 이름을 고수한 듯하다. 물론 필자의 짐작일 뿐이다. 번역자는 실수를 하지 않기 위해서 돌다리도 두드리고 가는 심정으로 고유명사의 발음을 확인해서 올바른 음가로 번역을 해주어야 한다.

영어권 문화에서는 인물의 이름에서 그 사람의 원래의 출신 지역을 파악할 수 있고 출신 지역의 특징적인 성격도 어느 정도 짐작할 수 있다. 그러므로 번역자의 영어 이름의 유래를 아는 것도 올바른 번역에 도움이 된다. 여기서 영어식 이름의 특징을 살펴보자.

먼저, 잉글랜드[10] 지역의 경우 앵글로색슨족(The Anglo-Saxons)이 지배하던 시절에는 가문을 나타내는 성(last name, family name)이 없

---

10) 현재의 영국의 공식명칭은 United Kingdom of Great Britain and Northern Ireland이며 통상적으로 UK, 혹은 Britain이라고 지칭한다. UK는 민족적으로나 역사적으로 다른 여러 나라가 세월이 지나면서 여러 이유로 통합된 나라이다. England, Scotland, Wales, Northern Ireland가 합쳐져서 UK를 구성하고 있다.

었고 이름(first name)으로 사람을 구별했다. 그러나 노르만족(The Normans)이 잉글랜드를 점령한 노르만정복(Norman Conquest, 1066)과 더불어 가문을 나타내는 성의 개념이 잉글랜드의 민중들 사이에도 퍼지게 되었다. 초기에 잉글랜드인들은 자신의 신체적 특징이나 직업을 자신의 성으로 사용했다.[11] 직업을 나타내는 말을 가문의 성으로 만든 이름의 예로는 "William Baker," "Margaret Thatcher," 자신의 신체적 특성을 고려한 성은 "John Long," "Emily Little" 등이다.

웨일즈 지역의 가문의 성은 대개 기독교의 성인의 이름과 관련되어 있다. 웨일즈의 유명한 시인인 딜런 토머스(Dylan Thomas)의 이름에서 "Thomas"는 예수의 부활을 쉽게 믿지 못하는 의심 많은 제자이다. "Thomas"는 한국어로는 "토마스"라고 번역하지만 성경과 관련된 번역에서는 "도마"로 번역한다. 로저 데이비스(Roger Davies)에서 "Davies"는 잉글랜드의 "David"의 한 형태이다.[12] "David"는 한국어로 데이비드로 번역하지만 『구약성서』라면 다윗으로 번역한다. 제프리 존스(Geoffrey Jones)에서의 "Jones"는 『신약성서』의 4대 복음 중 하나인 "John"의 웨일즈식 표현이다.[13] "John"은 한국어로 "존"이라

11) 잉글랜드와 스코틀랜드에서 가장 흔한 성은 대장장이라는 뜻의 "Smith"이다.

12) 같은 이름이라도 잉글랜드, 웨일즈, 아일랜드, 스코틀랜드, 혹은 프랑스, 독일, 러시아 등의 유럽 국가들에서 철자와 발음이 달라지는 경우가 종종 있다. 예로, "Henry"(영국)와 "Henri"(프랑스)는 각각 그 나라에서의 발음이 다르므로 한국어로 "헨리"와 "앙리"로 번역해서 국적을 나타내야 한다. 또 "Michael"이 영국인이라면 "마이클"로 번역하지만 독일인이라면 "미하엘"로 번역해야 한다.

13) 아일랜드에서는 같은 이름을 "Ian"이라고 표기하며, 한국어로 "이안"으로 번역한다. 사실 영국의 John, 웨일즈의 Jones, 아일랜드의 Ian, 독일의 Johann이 철자가 각기 다를 뿐 같은 이름이다. 그러나 한국어로 번역할 때는 각기, 존, 존

고 번역하지만 성경과 관련된 번역이라면 "요한"으로 번역해야 한다. "Evans," "Jones," "Morgan," "Williams" 같은 이름은 모두 웨일즈에서 기원했다고 한다. 또 웨일즈 인을 통칭할 때는 다이(Dai), 혹은 태피(Taffy)라는 별명을 사용하기도 한다.

스코틀랜드에서는 "Campbell," "Cameron" 등이 흔한 성이다. 따라서 어떤 사람이 이런 성을 가지고 있으면 그가 스코틀랜드 출신이라고 짐작해도 큰 무리는 아니다. 스코틀랜드에서 전통적으로 남자들에게 흔히 붙이는 이름은 "Angus," "Donald," "Duncan" 등이다. "Jimmy"와 "Jock"도 과거의 스코틀랜드에서 남자들에게 흔하게 붙이던 이름이었으므로 잉글랜드 사람들은 스코틀랜드 사람을 통칭해서 "지미"나 "족"이라고 부르기도 한다. 그러나 이런 호칭은 경멸적으로 하는 경우가 많으므로 주의해야 한다. 여자들에게는 "Morag," "Fiona," "Jean" 등이 전통적으로 흔히 붙이던 이름이다.

아일랜드는 잉글랜드와 같은 이름을 많이 쓰면서도 철자와 발음이 잉글랜드와 다르다. 예를 들면 잉글랜드의 존(John)은 아일랜드에서 션(Sean)으로, 제임스(James)는 시머스(Seamus)로, 윌리엄(William)은 리엄(Liam)으로, 조애너(Joanna)는 시애너(Seanna)로, 브리짓(Bridget)은 브리드(Brid)로, 찰스(Charles)는 커테일(Catail)로 쓰고 발음한다. 따라서 이름만 듣고도 그 사람이 잉글랜드 출신인지, 아니면 아일랜드 출신인지 알 수 있다. 아일랜드에서는 패트릭(Patrick)의 줄임말인 패디(Paddy)와 마이클(Michael)의 줄임말인 미키(Micky) 혹은 믹(Mick)을 남자의 이름으로 선호해서 많이 사용한다. 그래서 아일랜드

스, 이안, 요한이라고 번역하여 이들의 국적이 번역에서도 드러나게 하는 것이 바람직하다.

사람들을 흔히 "미키"나 "패디"라고 통칭하기도 하는데, 이 또한 경멸적인 호칭으로 여겨질 수 있다.

새로 성을 만들기 시작할 때 브리튼의 어느 지역에서나 가장 선호하는 방법이 아버지의 이름을 이용하는 것이었다. 잉글랜드 지역에서는 아버지의 이름에 "son"을 붙여서 성으로 삼는 것이 가장 흔하게 쓰이는 방법이었다. 예로, "Kevin Williamson," "Robert Richardson"에서 "윌리엄슨"은 "윌리엄의 아들," 리처드슨은 "리처드의 아들"임을 드러내는 성이다.

이처럼 아버지의 이름에 접미사로 "son"을 붙여 성을 만드는 잉글랜드와 달리, 웨일즈에서는 "P"를 아버지의 이름에 접두어로 붙여서 성을 만들었다. "P"는 "누구의 아들"을 뜻하는 "ap" 혹은 "ab"에서 접두어가 되면서 "a"가 생략된 것이다. "Prees," "Price," "Parry," "Pugh" 등의 성이 그 예이다. 웨일즈의 "Gary Prichard"는 잉글랜드의 "Gary Richardson"과 같은 이름이라고 할 수 있다.

스코틀랜드에서는 "누구의 아들"이라는 뜻의 "Mac"(son of)을 아버지의 이름에 접두어로 붙여서 가문의 성으로 사용했다. "MacDonald," "MacKenzie" 등의 성이 그 예이다. 따라서 잉글랜드의 "Donaldson"과 스코틀랜드의 "MacDonald"가 같은 성이라고 할 수 있다.

아일랜드에서는 아버지의 이름에 가문(the family of)을 나타내는 "O'"를 접두사로 붙여서 성을 만들었다. "O'Brien," "O'Neil"이 그 예이다. 미국의 작가인 마거릿 미첼(Margaret Mitchell)이 쓴 『바람과 함께 사라지다』(*Gone with the Wind*, 1936)를 번역한다면 번역자는 여주인공 스칼렛 오하라(Scarlett O'Hara)의 성을 보는 것만으로도 그녀가 아일랜드 출신임을 짐작할 수 있고 그것을 번역에 고려하게 된다. 한

편 아일랜드에서는 "누구의 아들"을 나타낼 때는 "Fitz," "Mc," "Kil," "Gil," 등을 아버지의 이름 앞에 접두어로 붙인다. 그래서 "Kilmartin," "Fitzwilliam," "Fitzgerald," "Gilmurray," "McMahon," "McHugh" 등의 이름이 된다. 잉글랜드의 "Williamson"과 아일랜드의 "Fitzwilliam"은 같은 성이다. 또 같은 "맥도날드"라도 "MacDonald"라는 철자라면 스코틀랜드 출신이고, "McDonald"라면 아일랜드 출신 임을 짐작할 수 있다.

7. 호칭과 지칭어를 제대로 번역하자.

영어의 호칭과 한국어의 호칭의 범주가 상당히 차이가 나기 때문에 영어를 한국어로 번역할 때 번역자는 세심한 주의를 기울일 필요가 있다. 영어 호칭에서는 친족 관계가 잘 드러나지 않는 경우가 많으므로 번역자는 문맥 속에서 친족 관계를 잘 파악하여 정확한 한국어 호칭을 사용하도록 해야 한다. 말하자면 영어 텍스트에서 "uncle"이 등장할 때 삼촌인지, 숙부인지, 백부인지, 고모부인지, 이모부인지, 아니면 이웃집 아저씨인지를 한국어 텍스트에서 구별해서 표현해 주어야 한다. "aunt"도 외숙모인지, 숙모인지, 이모인지, 고모인지를 파악하도록 최대한 노력해야 한다.

영어 텍스트를 한국어로 번역할 때 학생들이 가장 많이 저지르는 실수가 "cousin"을 "사촌"으로 번역하는 것이다. 사실 영어에서 "cousin"은 대체로 촌수가 명확하지 않은 "친척"을 가리킬 때가 많으므로 문맥에서 잘 살펴서 번역해야 한다. 한편 "Cousin"이 호격으로 이름 옆에 붙는 경우가 있다. 19세기의 영국 소설가인 찰스 디킨즈(Charles Dickens)의 『위대한 유산』(*Great Expectations*)에서 한 여성이 사촌인 남성에게 "Cousin Richard"라고 부르는 장면이 나온다. 이것을 "사촌 리처드"로 번역하면 한국어 어법에 맞지 않는 어색한 번역이다. 차라리 "리처드 오라버니"가 적절하지 않을까?

상대를 지칭하는 대명사인 "You"를 한국어로 번역할 때는 그야말로 문맥을 잘 살펴서 상황에 맞는 한국어로 번역을 해야 한다. "You"가 화자보다 지위가 더 높은 사람인지 낮은 사람인지, 혹은 나이가 더 많은지 적은지에 따라 존대법이 달라진다. 또 "You"가 한 명을 가리키는지 아니면 여러 명을 가리키는지에 따라 단수, 복수를 정해야 한다. 때로는 "You"에 화자보다 나이가 많은 사람과 적은 사람이 섞여 있을 수도 있는데, 그런 경우에 존대, 반존대, 하대 등 어떤 식으로 번역할 것인지 문맥에 따라 결정해야 한다. 그 경우에 따라 "You"는 당신, 당신들, 너, 너희들, 그대 등 다양한 번역이 이루어질 수 있다.

문화적인 상황을 제대로 고려해야 올바른 번역을 할 수 있는 경우도 있다. 한국어 어법에서 부모님에 대한 언급을 하면서 극존칭으로 이인칭인 "당신"을 사용하는 경우가 있다. 예를 들면 "당신께서는 건강에 대한 우려를 많이 하신답니다."에서 "당신"은 그 자리에 없는 존재에 대한 삼인칭 지칭어이다. 19세기 초의 영어에서는 삼인칭 대명사 "he"나 "she"를 화자가 본인을 지칭하는 일인칭으로 쓰는 경우가 있다. 영국 소설가인 제인 오스틴의 소설을 번역할 때도 이와 같은 언어 사용을 알고 있어야 올바른 번역을 할 수 있다.

8. 순서대로 번역하자.

한국 학생들은 학교에서 영어 텍스트를 번역할 때, 영어와 한국어의 구문의 차이 때문에, 영문의 주어를 해석한 후에 문장의 맨 뒤부터 차례로 해석하면서 동사는 마지막에 해석하는 것이 바람직하다는 충고를 많이 들었을 것이다. 그러나 실제 번역에서는 대부분 눈에 들어오는 차례대로 번역하는 것이 더 바람직한 경우가 많다. 특히 쉼표와 같은 문장 부호, 관계대명사, 관계부사, 접속사 등에서 일단 끊어서 번역하는 것이 바람직하다. 윌라 캐더(Willa Cather)의 『나의 안토니아』(*My Ántonia,* 1918)의 첫 부분에 나오는 한 문장에 대한 번역을 살펴보면 앞에서부터 순서대로 번역하고 있다는 것을 알 수 있다.

ST.

I travelled in the care of a mountain boy, Jake Marpole, one of the hands on my father's old farm under the Blue Ridge, who was now going West to work for my grandfather.

TT.

나를 데리고 함께 여행길에 오른 사람은 제이크 마폴이라는 산동네 사람으로, 예전에는 블루리지 아래 위치한 우리 아버지 농장의 일꾼이었으나 이제는 우리 할아버지 댁에서 일을 하려고 서부로 가는 중이었다.[14]

한편 작중 인물이 문장을 제대로 끝맺지 못하는 경우에는 더더욱 눈에 들어오는 차례대로 번역하는 것이 중요하다. 번역문에서도 중간에 말이 끊어지는 효과를 내야 하기 때문이다. 예로, 올더스 헉슬리

14) 윌라 캐더, 『나의 안토니아』, 전경자 역, (서울: 열린책들, 2011)

(Aldous Huxley)의 『멋진 신세계』(*Brave New World,* 1934)에서 시민을 계도하기 위해 만들어진 많은 표어가 등장하는데, 반복해서 등장하므로 생략되어 묘사되는 부분이 나온다. 이때 어떻게 번역하면 좋을까?

ST.

1. "The more stitches the less riches; the more stitches the less…"
2. "Ending is better than mending; ending is better…"

TT.

1. "기우면 기울수록 더 가난해진다. 기우면 기울수록 더…"
2. "폐기가 수리보다 더 좋다. 폐기가 수리보다…"

1번과 2번 번역 모두 출발텍스트인 영어 문장이 중간에 잘리므로 도착텍스트인 한국어 문장도 중간에 잘리는 효과를 내고 있다. 여기서는 무엇보다도 중요한 것은 중간에 생략된 문장이라는 원문의 효과를 번역문에서도 거두는 것이기 때문이다. 번역 자체를 보면 "기우면 기울수록 더…"라는 1번 번역은 우연히도 영문과 같은 구조를 가지고 있다. 그러나 "폐기가 수리보다…"라는 2번 번역에서는 "better" 대신에 "mending"이 번역된 셈이다. 그러나 생략된 구조라는 효과를 거두는 것이 주어진 단어를 정확히 번역하는 것보다 더 중요하다는 것을 알 수 있다.

9. 관용구를 도착문화권에 맞게 번역하자.

관용구는 그 언어권의 독특한 문화를 담고 있는 구문이므로 다른 문화를 가진 다른 언어로 번역하기가 결코 쉽지 않다. 출발언어권의 관용구는 출발문화를 기반으로 하고 있기 때문에 다른 문화에 기초를 둔 도착언어권의 독자는 이해할 수 없는 이질적인 이미지가 될 수도 있다. 이런 경우에 번역자는 출발텍스트의 어법에 구애받지 말고 최대한 도착언어권의 문화를 기반으로 한 도착언어권의 관용구로 대체하는 것이 더 적절하다. 예를 들면, "wasp waist"는 "개미허리," "head cold"는 "코감기," "white grape"는 "청포도," "wisdom tooth"는 "사랑니"로 옮길 수 있다. 이 경우는 예에서 알 수 있듯이 어떤 개념이나 문화가 출발언어권과 도착언어권에 함께 존재하지만, 그것을 나타내는 어휘나 구절이 다른 경우이다.

한편 어떤 단어나 구절이 출발언어권과 도착언어권에서 전혀 다른 의미를 상징할 수도 있으므로 번역할 때 주의가 필요한 경우가 있다. 예를 들면 "The teacher is a pig."를 "그 선생은 (돼지처럼) 뚱뚱하다." 라고 하면 잘못된 번역이 된다. 영어권에서 돼지는 "탐욕"을 연상시키므로 "그 선생은 (돼지처럼) 탐욕스럽다."라고 번역해야 하는 것이다.

문화적인 차이로 인해 표현방식이 달라지는 경우도 고려해보자. 예를 들면 영어권에서는 개별적인 상황을 그대로 존중한다면 한국에서는 통일성을 강조하는 경향으로 인해 표현이 달라질 수도 있다. 예를 들면 노벨상의 명칭을 살펴보자. 노벨상에 대한 영어 표현은 상당히 다양하며 개성적이기까지 하다. "Nobel Peace Prize," "Nobel Prize for Literature," "Nobel Prize in Physics," "Nobel Prize in Chemistry," "Nobel

Prize in Physiology or Medicine," "Sverges Riksbank Prize in Economic science in Memory of Alfred Noble"등이 공식 명칭이다. 그러나 한국어로는 같은 상인데 분야만 다르다는 점을 부각시켜서, "노벨 평화상," "노벨 문학상," "노벨 물리학상," "노벨 화학상," "노벨 의학상," "노벨 경제학상" 등으로 표현한다. 따라서 만일 노벨상의 여러 명칭을 한국어에서 영어로 번역한다면 각기 다른 영어표현으로 번역된다는 점을 주지해야 정확한 번역을 할 수 있다.

특히 속담은 그 언어권의 독특한 문화를 기반으로 한 것이므로 도착언어권의 문화에 맞는 관용구로 번역하는 것이 좋다. 즉 의미의 등가를 이루는 방식으로 번역하는 것이 적절하다. 예를 들면 서양문화를 기반으로 한 영어 속담을 다음과 같은 한국어 속담으로 바꿀 수 있을 것이다.

* Nothing ventured, nothing gained. — 호랑이 굴에 들어가야 호랑이를 잡는다.
* Spare the rod and spoil the child. — 귀여운 자식은 매로 키워라.
* Great oaks from little acorns grow. — 티끌모아 태산 된다.
* Kills two birds with one stone — 일석이조. 일거양득. 도랑치고 가재 잡기.

그런데 출발텍스트의 문화를 도착텍스트에서 적절하게 전달할 어휘나 구절이 없다면 번역자는 새로운 어휘나 구절을 만들어낼 수도 있다. 그 예로 "hot potato"를 들 수 있다. "hot potato"는 이렇게도 할 수 없고 저렇게도 할 수 없는 골치 아픈 문제(issue)를 의미한다. 한국어로 번역할 경우에 한자어에서 온 "계륵"(鷄肋)[15]과 엇비슷하다고 볼

15) "닭의 갈비"라는 뜻이다. 실생활에서는 큰 쓰임이나 이익은 없지만 버리기는 아까운 상황, 물건을 나타낸다.

수 있을까? 그러나 서양의 문화를 소개하면서 중국고사에서 나온 "계륵"이라는 표현을 쓰는 것은 뭔지 어색하다. 그런데 실제 번역과정에서 "hot potato"는 "뜨거운 감자"로 일대일 대응식으로 번역되었다. 원래는 뜨거운 감자라는 개념이 한국인에게는 와 닿지 않았다. 그러나 그 의미를 설명하면서 계속 사용한 결과 현재는 한국어에서도 원래의 영어에서의 개념으로 확립되었다. 번역을 통해 새로운 개념이 창조된 셈이다. 그와 비슷한 예로 「황금알을 낳은 거위」(The Goose That Laid the Golden Eggs)라는 유명한 이솝우화에서 나온 개념을 들 수 있다. 영어권에서는 무한하게 이익이 창출되는 것에 대해 비유적으로 "the goose that lays the golden eggs"라는 표현이 사용된다. 이 구절을 한국어로 번역하면서 그 의미만 추출해서 "노다지"로 번역할 수도 있다. 그러나 한국어 독자도 이 유명한 이솝우화를 잘 알고 있으므로 그대로, "황금알을 낳는 거위"로 번역되었고, 이후 한국어 문화권에서도 서양과 같은 비유로 인식되고 있다. 따라서 번역을 통해 도착언어권의 언어나 문화적 개념이 풍요로워졌다고 하겠다.

이처럼 출발언어권의 문화적 개념을 그대로 차용하는 경우를 포함해서, 오늘날의 글로벌 시대에는 출발언어권의 언어를 번역하지 않고 개념과 더불어 음가를 그대로 받아서 이용하는 경우가 많다. 우리말을 예로 들어보면, 커피, 아이스크림, 카스텔라 등이 모두 원래 우리 문화에는 없던 개념을 음가와 함께 그대로 받아들인 것이다.

그에 반해 외래문화를 극도로 경계하는 문화권에서는 새로운 물질이나 문화를 새로운 도착어를 만들어 번역하려고 노력하는데, 북한이 그 대표적인 경우이다. 북한에서는, 아이스크림은 얼음보숭이, 프리킥은 벌차기, 레코드는 소리판, 카스텔라는 설기과자, 파스텔은 그림분

필 등으로 새로운 어휘로 전환되었다.

10. 조어를 어떻게 번역할까?

조어(coined word)에 대한 번역도 고려해보자. 위에서는 출발문화권에서는 있지만 도착문화권에는 없는 개념을 다룬 어휘나 구절의 번역을 어떻게 할 것인지를 고려해보았다. 그런데 작가가 출발언어권에서도 없는 새로운 조어를 만들었을 경우에 도착텍스트에서는 어떻게 번역하면 좋을까? 음가대로 그대로 옮기는 것이 가장 쉬운 일일 수 있다. 예로 경제용어인 "red ocean"이나 "blue ocean"은 한국어로 "레드 오션," "블루 오션"으로 그대로 번역되었다. 처음에는 이러한 표현들을 낯설게 여겼던 한국 독자들도 이제 경제에 대해 관심이 조금이라도 있으면 이 용어를 알게 되었다. "Green Washing"도 같은 식으로 외연을 확장해가고 있다. 유기농 제품이 인기가 높은 것을 틈타서, 실제로는 유기농 제품으로 인증을 받지 못했지만 유기농 제품인 듯이 소비자를 현혹하는 행태를 "green washing"이라고 한다. 만약 번역한다면 어떻게 번역하면 좋을까?

조안 롤링의 『해리 포터』 시리즈에는 특히 롤링이 직접 만든 조어가 풍부하다. 마법사들이 보통 사람을 지칭하는 호칭인 "the Muggle"을 비롯해, "squib, mudblood, horcrux, animagus, dementor, pensieve, quidditch, apparate, thestrad, lumos, Avada Kedavra, Crucio, Imperio, Reducto" 등을 기존의 번역자는 모두 음가로 번역했는데, 어떻게 번역하면 좋을까?

SF소설에도 조어가 많이 등장한다. 마지 피어시(Marge Piercy)의 『시간의 경계에 선 여자』(*Woman on the Edge of Time*)에서 여성이며 히스패닉계인 코니(Connie)는 지독하게 가난하게 살아가며 폭력에 시달리다가 심지어 정신병자로 몰려 병원에 감금된다. 그러나 사실은 코니는 정신감응력이 뛰어난 존재로서 미래에서 온 신호를 받을 수 있는 능력을 가지고 있다. 이런 존재를 "catcher"라고 한다. 코니는 능력이 뛰어나서 심지어 미래세계에 신호를 보낼 수 있는 "sender"이기도 하다. 미래에서 온 방문객인 루시엔테(Luciente)는 손목에 컴퓨터와 같은 "kenner"를 차고 있는데 다음과 같이 설명된다.

> "My kenner. Computer link? Actually it's a computer as well, my own memory annex."

루시엔테는 코니를 데려가 자신의 미래세계를 보여주는데 이 미래세계에서는 남녀의 차별이 존재하지 않으므로 남성이나 여성을 삼인칭으로 지칭할 때 "he"나 "she"라고 하는 대신 "person"이라고 하며, 목적격 대명사는 "him, her" 대신에 "per"를 사용한다. 예를 들면 다음과 같이 표현된다.

> "Person must not do what person cannot do."
> "Otter, Luxembourge, and I are about to leave together by floater to see per safely landed,"

수지 맥키 차나스(Suzy McKee Charnas)의 홀드패스트 연작(Holdfast Chronicles) 중 한 편인 『세상 끝까지 걷기』(*Walk to the End of the World*)와 『모계』(*Motherline*)에서도 조어가 많이 등장한다. 이

소설에서 세계는 전쟁으로 인해 문명이 파괴된 후 새롭게 문명을 건설하는 과정에 있다. 이 세계를 지배하는 남성들은 세상의 종말이 여자들 때문이라고 여기면서 여자들을 “fem”이라고 하면서 노예로 부린다. 이 fem들은 그들이 하는 일에 따라서, “pet-fems,” “carry-fems,” “labor-fems” 등으로 나누어진다. 여성들이 소리죽여 조심스레 쓰는 말씨는 “femmish softspeech”이다. 욕설로는 “bullshit” 대신에 “femshit”를 사용하여, “Go eat femshit.”라고 한다.

한편 남성들이 아직 파악하지 못한 변방에는 여성들만이 이룩한 세계가 따로 존재한다. 이 여성들은 남성세계인 “Holdfast”에서 달아난 “free fems”를 도와주지만 자신들을 “women”이라고 지칭하면서 남성의 노예였던 “fems”와 구별한다. 다음 문장을 보고 어떻게 번역할지 생각해보자.

“Women think you did wrong.”
“Some women say you can’t tell fems from their masters.”

11. 도량형을 적절히 번역하자.

파운드(pound)나 마일(mile), 야드(yard) 등을 사용하는 영어권 텍스트를 한국어로 번역할 경우에 한국어 텍스트에서는 대체로 미터법으로 바꾸어주는 것이 상식적이다. 그러나 이렇게 바꾸는 것이 논리적으로 보면 불합리해보일 때도 있다. “about 1 yard”은 1 야드가 못될 수도 있고 더 될 수도 있는, 즉 대충의 거리를 나타낸다는 느낌을 준다. 그런데 이것을 “약 0.9 미터”로 번역하면, 소수점이 들어간 “0.9”라는 숫자가 정확한 측량이라는 느낌을 주기 때문에 "약"이라는 표현이 어색하다. 이 경우에 차라리 "약 1 미터"가 더 정확한 번역일 수도 있다. 따라서 도량형은 문맥에 따라 적절히 보완하는 것이 좋다.

그런데 도량형의 전환을 허용할 수 없는 번역이 있다. 바로 특허 번역이다. 특허 번역은 일체의 오차를 허용하지 않으므로 전환하는 과정에서 그 정확성이 훼손될 경우가 있다. 따라서 특허 번역 등의 특수한 경우에는 원문의 도량형 단위를 그대로 보존하는 것을 원칙으로 한다.

화폐에 대한 번역에서는 대체로 원문의 단위를 그대로 사용한다. 단지 출발텍스트가 생산된 시기가 도착텍스트로 번역된 시기와 크게 차이가 나는 경우에는 원문의 화폐가 현재에는 어느 정도의 가치를 가지고 있는지를 주석을 달아 알려 주는 것이 바람직하다.

12. 제목을 제대로 번역하자.

출발텍스트 전체의 내용을 모르는 상황에서 제목만 번역할 때 번역의 오류를 범하기 쉽다. 그래서 제목을 번역할 때도 많은 조사를 통해 정확한 번역을 할 필요가 있다. 예로 올더스 헉슬리(Aldous Huxley)의 소설 *Brave New World*를 어떻게 번역할까? "Brave"는 "용감한"이라는 뜻으로 알려져 있는 쉬운 단어이다. 번역자는 조건반사적으로 "용감한 신세계"로 번역하려는 욕구를 느끼게 될 가능성이 있다. 그러나 조금만 더 생각하면 "brave"에는 "멋진, 훌륭한"이라는 의미가 있다는 것을 알 것이다. 그러면 과연 어떻게 번역할 것인지 고민을 하게 될 것이다. 이렇게 작은 것에도 고민을 하는 것이 올바른 번역을 할 수 있는 자세이다.

이 소설의 내용을 알면 제목을 어떻게 번역할 것인지 분명해진다. "brave new world"라는 말은 16세기 영국의 윌리엄 셰익스피어(William Shakespeare)의 낭만희극인 『폭풍』(*The Tempest,* 1611)에 나오는 구절이다. 프로스페로(Prospero)는 원래 왕이었으나 동생의 배신으로 강제로 퇴위 당했고 자신의 나라에서도 추방되어 머나먼 섬에서 유배생활을 한다. 그에게는 미란다(Miranda)라는 딸이 있다. 미란다는 아버지 외의 다른 사람은 없는 작은 섬에서 살면서 육지와 육지의 사람을 동경하며, "Oh, wonder! / How many goodly creatures are there here! / How beauteous mankind is! O brave new world, / That has such people in it."(Act 5. Sc.1)라고 말한다. 이 귀절은, "아, 멋져라./ 얼마나 많은 멋진 인물들이 거기에 있는지!/ 인간은 얼마나 아름다운지!/ 아, 그런 사람들이 있는,/ 멋진 신세계여."라고 번역된다. 그러나 그녀가 멋지다고 생각하는 사람들은 사실은 계략으로 형을 왕위에서 몰아낸 동생을 비롯해서 비열한 인물, 또 그리 순진하지만은 않은 다양한 인간들을 포함하고 있다. 그녀가 "멋진 신세계"라고 할 때 그녀는 잠재적인 악을 선이라고 믿는 순진성을 드러낸 것이다. 헉슬리는 이 구절을 자신의 제목으로 삼으면서, 과학적인 진보를 선이라고 믿고 있는 미란다와 같은 단순한 사람들을 풍자하고 있다. 그러므로 이 소설의 제목은 "멋진 신세계"로 번역되어야 적절하다는 것을 알 수 있다.

영화 제목의 대표적인 오역의 예는 브래드 피트(Brad Pitt)가 주연한 〈가을의 전설〉이다. 원제는 〈*The Legend of Fall*〉이다. 사실 이 영화의 내용은 가을과 전혀 상관이 없다. 영화는 세 아들을 둔 한 가정이 아들의 죽음과 갈등으로 점점 몰락해가는 과정을 그리고 있다. 이때 "Fall"은 가을이 아니라 한 가문의 몰락을 의미하는 것이다. 그러므로 이 영화 제목은 〈몰락의 신화〉로 번역하는 것이 적절할 것이다.

---

* 다음 제목을 적절히 번역해 보자.

* 오스카 와일드(Oscar Wild)의 *The Ballad of Reading Gaol*
* 해롤드 핀터(Harold Pinter)의 *The Dumbwaiter*
* 오 헨리(O. Henry)의 *The Gift of the Magi*
* 니콜라우스 코페르니쿠스(Nicolaus Copernicus)의 *On the Revolution of Celestial Orbit*
* 제프리 초서(Jeoffrey Chaucer)의 *The Wife of Bath*
* 커트 보니것(Kurt Vonnegut)의 *Cat's Cradle*
* 영화 *Dead Poets Society*

---

13. 여러 언어가 섞여 있는 텍스트를 어떻게 번역할까?

영어로 된 텍스트를 한국어로 번역하는데 프랑스어가 섞여 있다면 이 외국어를 어떻게 번역하는 것이 좋을까? 프랑스어도 한국어로 번역할 것인가? 아니면 프랑스어 음가를 한국어로 쓸 것인가? 아니면 프랑스어 원문을 그대로 쓸 것인가? 아니면 프랑스 원문을 쓰고 그 의미가 무엇인지 각주를 달아 설명할 것인가? 번역자는 이 모든 방법을 고려하면서, 무엇보다도 외국어를 쓴 원작자의 의도가 무엇인지를 고려하고 그 효과를 살리려는 노력을 하는 것이 중요하다.

외국어를 모두 번역하여 알려주는 친절이 오히려 원작의 효과를 훼손한 예를 들어보자. 2003년에 개봉된 영화, 〈사랑도 통역이 되나요?〉의 원제는 〈*Lost in Translation*〉이다. 여기서 주인공인 미국 남성은 일본의 시내를 관광하며 돌아다닌다. 주위에서 수시로 들려오는 일본어의 홍수 속에서 그 의미를 전혀 이해하지 못해 어리둥절한 남성은 당혹감과 더불어 소외감과 단절감을 느낀다. 그런데 한국의 영화 번역자는 이 남성이 듣는 잡다한 일본어 대화를 모두 번역하여 자막에 실었다. 번역자의 이런 친절로 인해 한국인 관객은 주인공의 소외감에 오히려 공감할 수 없게 되었다.

출발텍스트 속에 외국어가 섞여 있는 경우에 어떻게 번역할 것인가에 대해서 안정효의 『안정효의 영어 길들이기: 번역편』은 적절한 지침을 제시한다(109-111). 안정효는 자신의 소설인 『하얀 전쟁』(1988)[16]을 스스로 영역하여 *White Badge*라는 제목으로 출간했는데, 안정효는 이 두 텍스트를 비교하면서 번역을 설명한다. 베트남에 파병 간 한국군인인 주인공은 베트남 아가씨와 데이트를 한다. 그러나 두 사람은 서로의 언어를 모르므로 의사소통이 되지 않는다. 그는 영어로 의사소통을 해보려고 하다가 잘 되지 않는다. 또 아가씨가 베트남어로 뭐라고 하지만 이해를 못해서, "모른다."는 뜻으로 베트남어로 "Khong biet."라고 대답한다. 잠시 후 그는 베트남이 프랑스의 식민지였던 것을 기억해 낸다. 그래서 프랑스어로 대화를 해보려고 "Parlez Français?"라고 물어보지만, 아가씨는 "조금 알아요."라는 뜻으로 "Un peu."라고 대답하고 더 이상은 소통이 되지 않는다. 그때 그는 베트남도 중국어 문화권에 속했으므로 아가씨가 한자를 알 것이라고 생각

16) 1992년 정지용 감독이 영화로 만들었다.

해서 한자로 "知漢字?"라고 쓰고 아가씨는 "知."라고 글을 써서 마침내 소통을 하게 된다. 한국어 텍스트 속에 기본 언어인 한국어 외에, 영어, 베트남어, 프랑스어, 한자가 등장하는데, 이것을 영어 텍스트로 번역할 때 외국어를 어떻게 표현해야 할까?

안정효의 해답은 외국어는 외국어로 그대로 남겨두라는 것이다. 그래야 서로의 언어를 몰라 답답해하는 주인공들의 심정을 독자도 함께 경험할 수 있다는 것이다. 즉 원문의 효과를 번역문에서도 나타낼 수 있다는 것이다. 대신 독자를 완전한 어둠에 남겨두는 것은 아니고, 문장 속에서 그 외국어의 의미를 짐작할 수 있는 적절한 표현을 할 수 있다. 예를 들면 다음 원문과 번역문을 살펴보자.

> 그러더니 이번에는 그녀가 월남 말로 뭐라고 또박또박 얘기를 했지만, 아직 월남에 온 지가 얼마 안 되었던 무렵인지라 나로서는 무슨 얘기인지 알 길이 없었다.
> "Khong biet." 내가 말했다.

> Then she said something in Vietnamese that I could not understand. I had not been in Vietnam long enough to speak fluent Vietnamese.
> I told her that I could not understand. "*Khong biet.*"

여기서 보이듯이 원문에서도 외국어인 베트남어가 그대로 생경하게 나타나 있다. 그러나 작가는 굳이 그 구절을 설명할 필요를 느끼지 않는다. 독자가 베트남어를 모른다 하더라도 그 위에 "무슨 얘기인지 알 길이 없었다."라는 표현에서 "Khong biet."의 의미가 "모른다."는 것은 대충 짐작할 수 있기 때문이다. 번역자도 마찬가지로 외국어인 베트남어를 그대로 표기하면서, "I could not understand."라는 말로 설명해주고 있다. 동시에 외국어인 베트남어를 그대로 쓰면서 의사소통이 안되는 상황이라는 원작의 효과를 그대로 전달한다.

그다음 "知漢字?"라는 표현을 생각해보자. 한국어 소설을 읽을 때 한국 독자들은 대부분 이 한자를 알므로 소설을 읽는데 별로 지장을 느끼지 않는다. 그런데 영어로 번역된 텍스트를 읽는 영어권 독자에게 한자는 너무나 낯선 글자이므로 그냥 이렇게 표현해도 될까? 이 점을 고려해서 번역자로서의 안정효는 다소 친절을 베푼다. 그래서 한글소설에서는 "知漢字?"라고 된 부분을 영어 번역본에서는 "知漢字? Meaning: know Chinese letters?"라고 번역한다. 이처럼 번역자는 외국어 번역을 하면서도 상황에 따라서 다양한 방법을 시도한다. 그 최종 목표는 원문과 같은 효과를 번역문에서도 이루는 것이다.

14. 사투리를 어떻게 번역할까?

소설에서는 지방 사투리나 속어, 비어 등이 많이 나오는데, 번역에서는 이를 어떻게 살려줄 것인가? 원문의 분위기를 제대로 전달하려면 사투리를 적절하게 번역하는 것이 당연한 일이지만 쉬운 일도 아닐 뿐 아니라 실제 독자들의 이해를 저해하는 면도 있어서 출판사에서는 사투리 번역을 권장하지 않는 편이다. 필자는 대학 때 『허클베리 핀의 모험』의 번역본을 읽으면서 미국 남부의 거지 출신 소년인 허클베리 핀이 갑자기 경상도 사투리로 말하는 바람에 어처구니가 없어 웃음을 터트린 적이 있었다. 막상 필자도 찰스 디킨즈의 『위대한 유산』을 번역하면서 범죄자 맥위치(Macwitch)와 같은 무식한 하층 계급의 사투리를 어떻게 번역해야 할지 곤란을 겪었다. 글자로 썼을 때 사투리라는 것이 확실히 드러나는 경상도 사투리를 이용하고 싶은 유혹도 느꼈지만 과거에 웃었던 일이 생각나 어중간하게 만들다 보니 충청도 사투리와 경상도 사투리가 섞인 새로운 사투리가 창조된 셈이 되었다. 다음의 맥위치의 말에 대한 번역을 참고로 살펴보자.

ST.

"Yes, Pip, dear boy, I've made a gentleman on you! It's me wot has done it! I swore that time, sure as ever I earned a guinea, that guinea should go to you. I swore arterwards, sure as ever I spec'lated and got rich, you should get rich. I lived rough, that you should live smooth; I worked hard, that you should be above work. What odds, dear boy? Do I tell it, fur you to feel a obligation? Not a bit. I tell it, fur you to know as that there hunted dunghill dog wot you kep life in, got his head so high that he could make a gentleman,—and, Pip, you're him!"

TT.

"그래, 핍, 구여운 놈, 나가 니를 신사로 만들었지! 고걸 한 분이 바로 이 몸이지! 나가 그때 맹세를 했지. 나가 일 기니라도 번다면 그 돈은 니한테 가야 된다고. 나가 나중에도 맹세를 했었다. 나가 투자를 해서 부자가 되면 반드시 니가 부자가 되어야 한다고. 니를 편안하게 살게 할라고 나가 험하게 살았다. 니가 일을 안 해도 되게 할라고 나가 죽어라고 일했다. 무슨 상관이냐고, 구여운 놈아? 니가 은혜를 느끼라고 나가 이런 말을 하겄냐? 천만에. 나가 말하는 거는, 니가 살려 준 똥개같은 작자가 머리를 높이 쳐들고 신사를 만들 수 있었다는 거를 니가 알라는 거여. 그리고, 핍, 니가 바로 그 사람이야!"

2부

영한 번역의 실제

3장 영상 번역

1. 영상 번역을 어떻게 할까?

20세기 후반부터 영상작품들이 주도적으로 문화를 이끌게 되면서 영상 번역(Audio-Visual Translation, AVT)이 번역 활동의 중심으로 도약했다. 영상 번역은 영화 번역, 드라마 번역, 멀티미디어 번역 등을 포함한다. 기본적으로 영상 번역의 대상인 영상작품은 언어, 이미지, 음향, 색상, 관점이 어우러져 의미를 전달한다. 영상작품을 출발텍스트로 삼는 영상 번역은 영상작품의 독특한 특징을 고려하여야 하므로 영상 번역을 할 때 고려해야 할 원칙은 다음과 같다.

1) 영상과 음향을 함께 고려해서 활용하면서 번역한다.
2) 화면에 존재하는 시간적, 공간적 제약을 존중해서 번역한다.
3) 화면의 제약을 고려해서 표현의 경제성 확보를 위해 최대한 노력한다.
4) 화면의 전개와 도착텍스트의 내용이 일치하는지를 점검한다.
5) 출발텍스트의 독자보다는 도착텍스트의 독자, 즉 영상물의 시청자에게 상대적으로 더 충실해야 한다.
6) 영상물은 대체로 대중적인 특성을 가지고 있으므로 도착텍스트

도 대중성을 유지하도록 한다.

7) 출발텍스트의 문화적 개념을 도착텍스트의 시청자에게 적절하게 전환하도록 한다.

8) 번역문이 영상을 감상하는데 장애가 되어서는 안된다.

9) 영상 번역은 보조물 이상의 의미가 있으므로 사명감을 가지고 번역한다.

결론적으로 말하자면 영상작품의 번역에서는 출발텍스트보다는 도착텍스트가 더 중요하게 여겨지며, 화면의 제약 때문에 출발텍스트에 충실한 번역보다는 간결한 번역이 요구되며, 출발텍스트의 문화를 그대로 전달하기 보다는 도착텍스트의 시청자의 이해를 잘 이끌어내고 그의 기호에 맞는 번역이 되어야 한다. 즉 영상 번역이야말로 출발텍스트에서 많은 것이 생략되고 누락된 채로 도착텍스트로 완성되는 것이 허용되는 거의 유일한 번역이라고 할 수 있다.

영상 번역은 외국어 대사를 한국어 대사로 번역한 것을 영상에 맞추어 재녹음하는 더빙(dubbing) 번역과 화면에 한국어로 표기하는 자막(subtitle) 번역으로 나누어진다. 물론 일차적으로는 의미와 효과를 정확하게 전달하는 번역을 하는 것이 중요하지만 어떤 번역을 하느냐에 따라서 번역 방법에 상당한 차이가 생겨난다. 더빙 번역에서는 영상에서 대화를 하는 인물이 말을 시작해서 끝나는 부분에 맞출 수 있도록 번역문의 글자 양을 조정하는 것이 중요하다.

요즘에 주로 하는 자막 번역에서도 글자의 양이 중요하다. 화면의 영상의 효과를 방해하지 않는 수준의 글자 양이 되도록 조절해야 한다. 화면의 옆이나 아래쪽에 주로 자막이 놓이게 되는데, 최대 2줄이 적당하며, 약 20자 내외 정도가 되는 것이 적절하다. 두 인물의 대화가 한 화면에 자막으로 나와야 하는 경우에는 대화 사이에 슬래쉬(/)를 하거나 다른 색 자막을 써서 구별해주는 것이 좋다. 혹시 인물의 대화가 아니라 회상을 하는 장면이나 해설이라면 다른 색으로 표시하여 구분한다. 이처럼 영화를 보는 시청자가 영상을 감상하는 것에 방해를 받지 않으면서도 영상의 의미와 효과를 짧은 순간에 확실하게 파악할 수 있도록 자막 번역을 할 수 있는 구체적인 지침은 다음과 같다.

1) 구어체로 의역해야 한다.
2) 호흡에 맞게 끊어서 번역해야 한다.
3) 지명과 인명 등은 정확한 발음으로 표기한다.
4) 대사 이외의 자막에도 주의해야 한다.
5) 자막 한 줄에 한글 13자, 두 줄까지 가능하다.
6) 지나친 유행어나 속어를 자제한다.
7) 두 사람의 짧은 대화가 바로 이어지면 한 화면에 슬래쉬(/)를 이용해서 표현한다.
8) 띄어쓰기와 맞춤법을 정확하게 한다.
9) 최대한 축약을 지향한다.
10) 의역을 지향한다.
11) 비꼬거나 화난 경우, 농담 등의 어조를 나타내는 번역을 한다.
12) 미국식 단위를 한국식으로 바꾸어 준다.
13) 의학, 법률 등의 전문용어는 그에 맞게 번역한다.

그런데 근본적으로 출발텍스트와 도착텍스트가 등가를 이루어야 한다는 가정 하에서 번역의 경제성과 효율성을 지향하라는 지침에도 불구하고, 실제 번역 현장에서는 영상 번역에서 가장 많은 오역이 일어나고 있다. 번역료를 싸게 책정해서 좋은 번역 인력이 투입되지 못하기 때문에 그런 결과가 벌어지는 것이 현실이다. 또 다른 이유는, 지면에 나오는 번역은 계속 확인할 수 있어서 더 신경을 쓰지만, 자막 번역의 경우에 귀로 듣고 오역을 찾아낼 수 있는 시청자가 드물기도 하고, 오역을 찾았더라도 화면이 지나가면 곧 잊어버리게 되는 등, 아무래도 영상 번역자는 주의를 덜 기울이는 면이 있기도 하다. 다음에서 영상 번역에서 이루어진 오역 중 몇 가지를 살펴보자.

〈어 퓨어 굿 맨〉의 초반부에 기소된 병사에게, "aunt, mother's side"가 있다는 말이 "고모"가 있다고 번역되었다. 너무나 쉬운 영어를 무성의하게 오역을 한 이런 예와 달리 영어에 대한 능력이 부족해서 오역을 하는 경우가 더 많다. 〈순수의 시대〉(*The Age of Innocence*)에서 주인공이 창문을 열자 그의 부인이 닫으라고 하면서, "you'll catch a death."라고 한다. 이 말은, "당신, 죽음에 걸리겠어요."라고 자막 번역이 되어 있다. "죽음에 걸린다."는 것은 자연스러운 한국말도 아니므로, 새삼 번역자들이 자신의 모국어를 잘 해야 한다는 생각이 들게 한다. 아무튼 영어 표현은, "you'll catch a death of cold."의 줄임말이다. "그러다 독감에 걸리겠어요."라고 번역해야 한다.

〈나인스 게이트〉(*Ninth Gate*)에서는 남편이 부인의 말을 들은 후, "So I gather."라고 대답하는데 이 말이 "저도 자료 수집하죠."라고 자막 번역이 되어 있다. 이는 상황이나 부부관계를 전혀 고려하지 않은 번역이다. 이 영화에서 남편이 책 수집광이었으므로 번역자는 지레짐

작으로 이렇게 번역한 것일까? 사실 이 말은 부인의 말을 들은 남편이 대답하는 것이다. 원래의 영어가, "나도 그런 줄 알아요."의 의미이므로, 영화인 점을 고려해 간결하게, "나도 알아."로 번역하면 되겠다.

〈매트릭스〉(*Matrix*) 1편의 초반부에서 주인공 토마스 앤더슨(Thomas A. Anderson/ Neo)은 정체를 알 수 없는 검은 옷의 요원들에게 붙잡혀 끌려가서 밀실에서 심문을 받게 된다. 그는 요원의 질문에 대답하는 대신, "I want my phone call."이라고 한다. 이 말은 "내 전화기를 돌려줘."라고 자막 번역이 되어 있다. 그는 달아나다가 요원에게 붙잡히기 직전에 전화기를 고층 건물 꼭대기에서 창밖으로 떨어트리고 말았다. 그렇다고 해서 자신을 붙잡은 요원들에게 전화기를 돌려달라고 생떼를 쓰는 것이 상식적으로 말이 될까? 사실 이 말은 "내 변호사에게 전화하겠다."는 의미이다. 모든 용의자는 심문을 받을 때 자기가 도움을 받을 수 있는 인척이나 변호사에게 전화를 할 수 있는 권리가 법적으로 보장되어 있기 때문에 주인공은 자신의 법적인 권리를 요구하는 것이다. 이처럼 문맥을 살피거나 문화적 상황을 고려하면 오역을 막을 수 있다는 점을 명심할 필요가 있다.

2. 영상 번역 점검

다음은 〈어 퓨어 굿 맨〉(*A Few Good Man)*의 일부를 학생들이 자막 번역용으로 번역한 것이다. 이 번역들이 공통적으로 가지고 있는 문제는 영상 번역의 특성을 고려하지 않은 점이다. 즉 대체로 영어를 충실하게 번역하려는 의욕 때문에 자막에 넣기에는 지나치게 긴 번역이 되고 있으며, 화면의 영상이 지속되는 시간을 고려하지 못했다는 점이다. 다음 번역들에서 형식의 문제와 오역의 문제를 지적하고 더 나은 번역으로 만들어보자.

ST.

KAFFEE : Can I have beer please? But in the meantime I'm gonna put the Apostle John Kendrick on the stand and see if we can't have a little fun.
ROSS : I have an obligation to tell you that if you accuse Kendrick or Jessep of any crime without proper evidence, you'll be subject to Court-Martial for professional misconduct. And that's something that's gonna be stapled to every job application you ever fill out. Markinson's not gonna hold up, he's a crazy man. I'm not saying this to intimidate you. I'm being your lawyer.
KAFFEE : Thanks, Jack. And I wanna tell you that I think the whole fuckin' bunch of you are certifiably insane. And this code of honor of yours makes me wanna beat the shit outta something.
ROSS : Don't you dare lump me in with Jessep and Markinson and Kendrick because we wear the same uniform. I'm your friend, and I'm telling you, I don't think your clients belong in jail. But I don't get to make that decision. I represent the Government of the United States without passion or prejudice. And my client has a case.

TT.

캐피 : 맥주요. 근데, 먼저 켄드릭을 소환해서 재미 좀 봐야겠어요.
로스 : 정당한 근거 없이 제셉이나 켄드릭을 끌어 들이면 자넨 직무윤리를 어겼다고 군법회의에 회부 돼. 그럼 기록이 평생 따라다닐걸. 마킨슨은 견디지 못할 거야. 그 친구 제정신이 아니거든. 겁 주려는 게 아냐.

자넬 도우려는 거야.

캐피 : 고마워요. 근데 당신네 해병은 다들 미쳤어 라고 말하고 싶네요. 그놈의 명예의 신조 두들겨 패주고 싶네.

로스 : 날 제셉이나 마킨슨, 켄드릭처럼 취급하지 마. 우린 같은 편이야. 너의 편으로서 말하자면, 나도 피고가 무죄라고 생각해. 근데 결정은 내가 하는 게 아니거든. 나는 편견이나 감정 없이 정부를 대리해야겠네. 내 고객도 그렇고.

ST.

KAFFEE : Lieutenant, these are the last three fitness reports you signed for Lance Corporal Dawson. Dawson received two marks of Exceptional, but on this most recent report, dated June 9th of this year, he received a rating of Below Average. It's this last report that I'd like to discuss for a moment.

KENDRICK : That will be fine.

KAFFEE : Lance Corporal Dawson's ranking after Infantry Training School was perfect. Records indicate that over half that class has since been promoted to full corporal, while Dawson has remained a lance corporal. Was Dawson's promotion held up because of this last report.

KENDRICK : I'm sure it was.

KAFFEE : Do you recall why Dawson was given such a poor grade on this report?

KENDRICK : I'm sure I don't. I have many men in my charge, Lieutenant, I write many fitness reports.

TT.

캐피 : 이것은 중위님이 서명한 최근 3건의 도슨 일병 체력 평점표입니다. 도슨 일병은 두 차례 우수한 점수를 받았지만 가장 최근인 6월 9일에는 평균 이하를 받았습니다. 이 얘기를 잠시 해보죠.

켄드릭 : 좋습니다.

캐피 : 도슨 일병의 보병 학교 성적은 우수했습니다. 동급생 반 이상이 상병으로 진급했지만 도슨만은 진급하지 못했습니다. 이 체력 평점표 때

문이었습니까?

켄드릭 : 확실합니다.

캐피 : 왜 도슨이 낮은 성적을 받았는지 기억나십니까?

켄드릭 : 잘 기억나지 않습니다. 저는 많은 사람들을 채점하고 또 많은 체력 평점표를 작성하고 있습니다.

ST.

KAFFEE : Wouldn't this form of discipline be considered a code Red?

KENDRICK : No.

KAFFEE : If I called the other 478 marines at Guantanamo Bay to testify, would they consider it a Code Red?

ROSS : Please the court, the witness can't possibly testify as to what 478 other men would say. We object to this entire line of questioning as argumentative and irrelevant badgering of the witness.

RANDOLPH : The Goverment's objection is sustained, Lt. Kaffee, and I would remind you that you're now questioning a marine officer with an impeccable service record.

TT.

캐피 : 그게 코드 레드에 해당되는 것 아닙니까?

켄드릭 : 아닙니다.

캐피 : 관타나모 만에 있는 478명의 다른 병사들도 그렇게 생각할까요?

로스 : 재판장님, 증인은 478명이 어떻게 말할지에 대해 증언할 수 없습니다. 원고 측은 피고 측의 모든 질문에 이의를 제기하는 바입니다. 논란의 여지가 있고, 변론과 관계없이 증인을 괴롭히고 있습니다.

란돌프 : 인정합니다. 캐피 중위, 본인은 흠 잡을 데 없는 복무기록을 가지고 있는 해군장교를 심문하고 있다는 사실을 상기하시기 바랍니다.

ST.

KENDRICK : He disobeyed an order.

KAFFEE : And because he did, because he exercised his own set of values, because he made a decision about the welfare of a marine that was in conflict with an order of yours, he was punished, is that right?

KENDRICK : Lance Corporal Dawson disobeyed an order.

KAFFEE : Yeah, but it wasn't a real order, was it? After all, it's peacetime. He wasn't being asked to secure a hill··· or advance on a beachhead. I mean, surely a marine of Dawson's intelligence can be trusted to determine on his own, which are the really important orders, and which orders might, say, be morally questionable. Can he? Can Dawson determine on his own which orders he's going to follow?

KENDRICK : No, he can not.

KAFFEE : A lesson he learned after the Curtis Bell incident, am I right?

TT.

켄드릭 : 그는 명령을 따르지 않았습니다.

캐피 : 그가 그렇게 했기 때문에, 자신이 믿는 가치를 실천하려 했기 때문에, 중위님의 명령에 위배되는 해병의 복지에 관한 결정을 했기 때문에 처벌받은 것입니다. 맞습니까?

켄드릭 : 도슨은 명령을 따르지 않았습니다.

캐피 : 네 맞습니다, 하지만 정식 명령이 아니었습니다. 그렇죠? 전시 상황이 아니잖습니까. 진지를 지키거나 교두보로 전진하라는 지시를 받은 건 아니지 않습니까. 다시 말해서, 도슨 정도의 지능을 가진 해병이면 어떤 것이 정말 중요한 명령이고 어떤 것이 도덕적으로 논란의 여지가 있는 지를 스스로 결정할 수 있도록 해도 되지 않겠습니까? 그가 할 수 있나요? 도슨이 명령을 따르지 않을 지를 결정할 수 있습니까?

켄드릭 : 아니오. 할 수 없습니다.

캐피 : 커티스 벨 사건 이후에 깨달은 것이군요. 맞습니까?

ST.

KAFFEE : I wanted the damn transfer order!

JO : Bullshit! You could've gotten it by picking up the phone and calling any one of a dozen departments at the Pentagon. You didn't want the transfer order. You wanted to see Jessep's reaction when you asked for the transfer order. You had an instinct. And it was confirmed by Markinson. Now damnit, let's put Jessep on the stand and end this thing!

KAFFEE : What possible good could come from putting Jessep on the stand?

JO : He told Kendrick to order the Code Red.

KAFFEE : He did?! That's great! Why didn't you say so!? And of course you have proof of that.

KAFFEE : Ah, I'm sorry. I keep forgetting: You were sick the day they taught law at law school.

TT.

캐피 : 빌어먹을 전출 명령서가 필요했으니까요!

조 : 거짓말! 당신은 펜타곤에 있는 십여 개의 국방부 부서에 전화 한 통이면 얻을 수 있었잖아요! 근데 그렇게 안 했죠. 당신은 제셉 대령의 반응을 보고 싶었던 거에요. 본능적으로 의심한 거죠. 그리고 그건 마킨슨 중령에 의해 확인되었고요. 제기랄! 제셉 대령을 증인석에 세워서 끝내자고요!

캐피 : 그를 증인석에 세운다고 뭐가 달라지죠?

조 : 켄드릭 중위에게 '코드 레드'를 명령했으니까요.

캐피 : 그가요? 대단하군요! 왜 미리 얘기 안 했어요? 증거는 당연히 갖고 있겠죠?

캐피: 아 미안하군요. 까먹고 있었어요. 소령님이 법대에서 허송세월 보냈다는 걸.

ST.

JO : You put him on the stand and you get it from him!

KAFFEE : We get it from him. Yes. No problem. We get it from him. (to SAM) Colonel Jessep, isn't it true that you ordered the Code Red on Santiago?

SAM : Look, we're all a little—

KAFFEE : Eh··· I'm sorry, your time's run out. What do we have for the losers, Judge? Well, for our defendants it's a lifetime at exotic Fort Levenworth. And for defense counsel Kaffee? That's right—It's—A Court-Martial. Yes, Johnny, after falsely accusing a highly decorated marine officer of conspiracy and forgery, Lt. Kaffee will have a long and prosperous career teaching typewriter maintenance at the Rocco Columbo School for Women. Thank you for playing "Should We or Should We Not Follow the Advice of the Galacticly Stupid."

JO : I'm sorry I lost you your set of steak knives.

TT.

조 : 제셉 대령을 증인석에 앉혀서 스스로 인정하게 만들라고요!

캐피 : 할 수 있죠. 문제없어요. 제셉 대령님, 산티아고 일병에게 '코드 레드'를 실행하라고 명령한 게 사실입니까?

샘 : 이봐.

캐피 : 아 미안합니다. 시간이 지났군요? 패자들에겐 뭐가 있죠? 정의? 피고인들에겐 종신형이 기다리고 있겠네요. 그리고 캐피 변호사에겐? 오! 군법회의가 있겠네요. 높은 훈장을 받으신 음모와 거짓의 해병 장교를 잘못 기소한 후에 캐피 중위는 학교에서 여학생들에게 생활수단으로 타자나 한평생 가르치면서 성공한 직업으로 삼겠죠.

조 : 당신의 화려한 경력을 망치게 되어서 미안하군요.

ST.

KAFFEE : Is your father proud of you?

SAM : Don't do this to yourself.

KAFFEE : I'll bet he is. I'll bet he bores the shit outta the neighbors and the relatives. "Sam's made *Law Review*. He's got a big case he's making—He's arguing making an argument." I think my father would've enjoyed seeing me graduate from law school. I think he would've liked that···an awful lot.

SAM : Did I ever tell you that I wrote a paper on your father in college?

KAFFEE : Yeah?

SAM : He was one of the best trial lawyers ever.

KAFFEE : Yes, he was.

TT.

캐피 : 너희 아버지는 널 자랑스러워하시니?

샘 : 그런 말 마.

샘 : 그럴 거라고 확신해. 분명 이웃들이랑 친척들한테 지겹도록 자랑하셨을 거야. “샘이 법률 간행물을 만들었어. 큰 사건도 맡아서 변론도 하고 말이지.” 내 아버지도 내가 로스쿨을 졸업한 걸 보셨다면 좋아하셨겠지. 분명 좋아 하셨을 거야 … 아주 많이.

샘 : 내가 대학에서 너희 아버지에 관한 논문을 쓴 적이 있다고 말한 적 있나?

캐피 : 그래?

샘 : 그분은 항상 최고의 법정변호사 중 한 분이셨어.

캐피 : 그래. 그랬지.

ST.

SAM : And if I were Dawson and Downey and I had a choice between you or your father to represent me in this case, I'd choose you any day of the week and twice on Sunday. You should have seen yourself thunder away at Kendrick.

KAFFEE : Would you put Jessep on the stand?

SAM : No.

KAFFEE : You think my father would've?

SAM : With the evidence we've got? Not in a million years. But here's the thing — and there's really no way of getting around this — neither Lionel Kaffee nor Sam Weinberg are lead counsel for the defense in the matter of U.S. versus Dawson and Downey. So there's only one Question, what would you do?

TT.

샘 : 내가 만약 피고인인 상황에서 너와 너희 아버지 중 택한다면 난 주저 없이 널 택할 거야. 니가 켄드릭 중위를 쏘아붙이는 모습을 봤었어야 해.

캐피 : 너라면 제셉 대령을 증인석에 세울 거야?

샘 : 아니.

캐피 : 만약 우리 아버지였다면?

샘 : 지금 우리가 갖고 있는 증거로? 절대 안 되지. 근데 말이야. 상황을 극복할 방법은 없어. 미국을 상대로 한 피고인 측 수석 변호사는 리오넬 캐피도 아니고 샘 웨인버그도 아니야. 한 가지만 물어볼게. 넌 어떻게 할래?

4장 동화 번역

동화 번역을 할 때는 그 번역문을 읽을 아동의 나이와 그 동화를 통해 성취하려는 효과를 먼저 고려해야 적절한 번역을 할 수 있다. 나이 수준에 따라 번역의 대상으로 선택할 동화가 각기 다르며 같은 동화라 하더라도 어떤 효과를 거둘 것인지에 따라 번역이 달라진다. 예를 들어 번역 동화를 통해서 단순히 이야기를 전달하는 것에 그치지 않고 아동의 어휘를 증진시킬 목적이라면, "훨훨," "살랑살랑" 등의 의태어나 의성어를 많이 포함시킬 수 있는 것이다.

그런가하면, 어떤 동화는 다른 언어로 번역되기 어렵거나 번역문이 원천텍스트와 등가의 효과를 거둘 수 없는 것도 있다. 원천텍스트가 기존 독자에게 언어 학습을 시키기 위해서 의도된 것이라면 번역문의 효과가 없을 경우가 더 크다. 이런 동화의 번역들을 살펴보자.

1. 번역이 어려운 동화의 번역

이야기 자체보다는 언어적인 유희를 통해 아동에게 언어를 가르치려는 목적을 가진 동화는 번역하기가 다소 힘들 수 있고, 혹은 굳이 번역할 가치가 없을 수도 있다. 이 점을 살펴 볼 수 있는 동화가 닥터 수스(Dr. Seuss)의 동화들이다. 닥터 수스는 미국의 아동들에게 언어를 가르치기 위해 단어 220개의 라임(rhyme), 즉 각운을 이용해 동화를 만들었다. 이 동화들은 이야기보다는 단어의 유희에 집중하므로 챈트(chant)를 하기에 적합하다. 이 동화들을 통해 번역이 가능한지, 혹은 번역의 효용이 있는지를 살펴 볼 수 있다.

「녹색 달걀과 햄」(Green Eggs and Ham)은 쉽게 영어를 익힐 수 있도록 라임을 넣은 반복적인 어구를 사용한다. "Would you like them here or there?"(them은 green eggs and ham)라는 질문이 있고 다음과 같이 이어진다.

I would not like them here or there.
I would not like them anywhere.
I do not like green eggs and ham.
I do not like them, Sam-I-am.

원문 텍스트는 반복과 라임을 통해 아동들에게 어휘를 학습시키는 효과를 가지고 있다. 과연 번역문도 원문과 같은 효과를 낼 수 있을까? 이 구절을 번역하면서 어휘 학습의 목적도 성취하면서, 라임의 효과도 살리는 방안을 생각해보자.

"Would you eat them in a box?/ Would you eat them with a fox?"라는 질문 후에 다음과 같이 대답이 이어진다.

Not in a box. Not with a fox.
Not in a house. Not with a mouse.
I would not eat them here or there.
I would not eat them anywhere.

I would not eat green eggs and ham.
I do not like them, Sam-I-am.

이 구절을 번역하면서 "fox/ mouse, there/ anywhere/ ham/ Sam-I-am"의 라임을 어떻게 번역하여야 어휘 학습과 라임 효과를 동시에 살릴 수 있는지도 연구해 보자.

닥터 수스의 다른 유명한 동화는 「모자 쓴 고양이」(The Cat in the Hat)이다. 이 동화 역시 라임이 같은 단어들을 이용해 언어학습을 유도한다. 그러나 라임을 포기해도 그 내용만으로도 재미있는 동화이기도 하다. 비가 오는 지루한 오후에 어머니가 외출한 동안 "나"와 샐리(Sally)가 무료하게 앉아 있을 때 모자 쓴 고양이 한 마리가 등장한다. 고양이는 재미있게 놀자면서 여러 제안을 하는데 전부 집안을 엉망으로 만드는 제안들 뿐이다. 어항 속의 물고기는 고양이의 제안을 극력 반대한다. 여기서 물고기가 하는 말의 의미를 잘 살리면서도 라임이 주는 효과를 살리는 번역을 시도해보자.

But our fish said, "No! No!
Make that cat go away!
Tell that Cat in the Hat
You do NOT want to play.
He should not be here.
He should not be about.
He should not be here
When your mother is out!"

페기 패리쉬(Peggy Parish)의 『아멜리아 베델리아』(*Amelia Bedelia*) 시리즈도 번역이 가능한지를 도전해 볼 원천텍스트라고 볼 수 있다.

패리쉬는 재미있는 이야기를 통해서 단어의 세밀한 의미의 차이를 아동들에게 학습시키려는 목적으로 『아멜리아 베델리아』 시리즈를 발표했다. 특히 동시에 여러 의미를 가진 단어들을 이용해 말장난(pun)의 효과로 동화의 재미를 완성했다. 문제는 소리는 같으나 의미는 다른 이런 말장난들을 어떻게 번역할 것인가 하는 것이다.

『아멜리아 베델리아』 시리즈의 1편에서 아멜리아는 로저스 부인(Mrs. Rogers) 댁에 하녀로 첫 출근을 하고 로저스 부인은 아멜리아가 할 일을 적은 목록(list)을 주고 외출한다. 아멜리아는 목록에 적힌 일을 다 완수해야 하지만 아멜리아가 단어를 이해하는 방식은 일반적인 사람들의 방식과 조금 다르다. 목록에는 "1. Change the towels in the green bathroom. 2. Dust the furniture. 3. Draw the drapes. 4. Put the lights out."라고 적혀있다. 이 글의 일반적인 의미는, "1. 초록색 화장실의 수건을 바꿔 걸어라. 2. 가구의 먼지를 털어라. 3. 커튼을 쳐라. 4. 등을 꺼라."이다. 그러나 아멜리아는 그 단어들을 다른 뜻으로 이해하여, 1. 화장실의 수건을 잘라서 디자인을 바꾸고, 2. 가구에 분가루를 뿌리고, 3. 커튼의 모양을 종이에 그리고, 4. 전등에게 바깥 바람을 씌게 해준다. 각 단어에 두 가지 뜻이 다 있다는 것을 아는 영어권 독자는 아멜리아의 행동 때문에 웃게 된다. 한국어 번역에서는 이 이야기를 전달하면서 패리쉬가 의도한 언어적 효과를 어떻게 거둘 것인지 고민해 보자.

2. 번역 가능한 동화의 번역

이야기를 전달하는 것을 목적으로 하는 동화는 적절히 번역하는 것이 가능하다. 여기서는 조안 롤링(J. K. Rowling)의 『해리 포터』(*Harry Potter*) 시리즈의 번역을 점검해보려고 한다. 1권인 『해리 포터와 마법사의 돌』(*Harry Potter and the Sorcerer's Stone*)에서 앨버스 덤블도어(Albus Dumbledore) 교장이 해리의 이모부인 더즐리 씨(Mr. Dusley)가 사는 동네에 등장한다. 교장이 뭔가를 찰칵하고 키자 동네의 가로등의 불빛이 모두 그 속으로 빨려들어가 동네는 캄캄해진다. 이렇게 가로등 빛을 흡수하는 장치의 명칭이 원문에서 "the Put-Outer"라고 등장한다. 원문과 번역문을 살펴보자.

ST.

He found what he was looking for in his inside pocket. It seemed to be a silver cigarette lighter. He flicked it open, held it up in the air, and clicked it. The nearest street lamp went out with a little pop. He clicked it again — the next lamp flickered into darkness. **Twelve times he clicked the Put-Outer**, until the only lights left on the whole street were two tiny pinpricks in the distance, which were the eyes of the cat watching him…
Dumbledore slipped the Put-Outer back inside his cloak and set off down the street toward number four, where he sat down on the wall next to the cat. (9)

TT.

그는 안주머니에서 찾고 있던 걸 발견했다. 그것은 은빛 라이터처럼 보였다. 그는 그것을 탁 하고 열더니 공중으로 치켜올려 찰깍 소리가 나게 했다. 그러자 조그맣게 펑 하는 소리가 나면서 가장 가까이 있는 가로등이 꺼졌다.

그리고 그가 다시 찰깍하자 그 다음 가로등이 깜박거리며 나가버렸다. **그가 그렇게 가로등 끄기를 열두 번 하자,** 이제 그 거리에 남아있는 불빛이라곤 바늘로 꼭 찔러 둔 것처럼 작게 보이는, 멀리서 그를 지켜보고 있는 고양이의 두 눈뿐이었다. …
덤블도어는 그 라이터 모양의 것을 다시 망토 안으로 밀어넣고 4번지 쪽으로 내려가, 고양이 옆에 있는 담벼락에 앉았다. (『해리 포터』 1권 23)

원문과 번역문 모두에 밑줄과 굵은 표시를 한 부분에서 보이듯이 원문에서는 "the Put-Outer"라는 구체적인 명칭이 두 번이나 등장하지만 번역자는 장치의 명칭을 구체화하지 않고, "가로등 끄기를 하자," 또 "라이터 모양의 것"으로 두루뭉술하게 번역했다. 번역 자체는 큰 문제가 없다. 이 장치 자체가 크게 중요한 것이 아니라면 말이다. 아마 번역자도 이 장치가 다시 등장할 것으로 생각하지는 않았을 것이다.

그런데 『해리 포터』 시리즈의 마지막 편인 『해리 포터와 죽음의 성물』(*Harry Potter and the Deathly Hallows)*에서 롤링은 이 장치를 다시 등장시키는데, 그 명칭을 "Deluminator"로 바꾸었다. 이 장치는 7권에서는 스토리 전개에 아주 중요한 역할을 하지만 아마도 작가 자신도 1권에서는 크게 중요성을 주지 않아 "Put-Outer"라고 부른 것 같다. 7권에서는 덤블도어 교장이 죽으면서 해리와 론, 허마이어니에게 각각 유품을 남겼는데, 해리에게는 "the snitch"를, 허마이어니에게는 "The Tales of Beedle the Bard"라는 동화책을, 론에게는 바로 "Deluminator"를 남긴 것이다. 원문과 번역문[1]을 비교해서 살펴보자.

---

1) 1권과 7권의 번역자는 다른 사람이다.

ST.

"*... 'To Ronald Bilius Weasley, I leave my Deluminator, in the hope that he will remember me when he uses it.'*"

Scrimgeour took from the bag an object that Harry had seen before. It looked something like a silver cigarette lighter, but it had, he knew, the power to suck all light from a place, and restore it, with a simple click. Scrimgeour leaned forward and passed the Deluminator to Ron, who took it and turned it over in his fingers, looking stunned. (*The Deathly Hallows* 125)

TT.

"*. . .'로날드 빌리우스 위즐리에게, 이것을 사용하는 동안 나를 기억해 주기를 바라며, 나의 딜루미네이터를 남긴다.*'"

스크림저는 주머니에서 해리가 예전에도 본 적이 있는 물건을 꺼냈다. 그것은 마치 은으로 된 라이터처럼 보였지만, 해리가 알기론, 찰칵 누르는 동작 한 번으로 특정 공간의 모든 빛을 빨아들였다가 다시 원래 상태대로 돌려놓을 수 있는 기능을 갖고 있었다. 스크림저가 허리를 숙이며 론에게 딜루미네이터를 건네자, 론은 어안이 벙벙한 표정을 지으며 그것을 이리저리 뒤집어 보았다. (『죽음의 성물』 1권, 205)

이제 말장난(pun)이 어떻게 번역되는지를 알아보자. 6편인 『해리 포터와 혼혈왕자』(*Harry Potter and Half-Blood Prince*)에서 첫 장면은 인간 세상의 수상이 마법부 장관인 퍼지(Fudge)를 만나는 장면이다. 수상은 이 만남을 매우 당혹스럽게 생각하고 어리둥절한 상황이다. 여기서 수상은 시리우스 블랙(Sirius Black)과 호그와트(Hogwarts)라는 고유명사에 대해 어리둥절해하는데 이것이 어떻게 번역되었는지를 유의해보자.

ST.

Before the Prime Minister could ask why he was dripping all over the Axminster, Fudge had started ranting about a prison the Prime Minister had never heard of, a man named **"Serious" Black**, something that sounded like "**Hogwarts,**" and a boy called Harry Potter, none of which made the remotest sense to the Prime Minister. (*Half-Blood Prince* 7)

TT.

그리고 수상이 왜 값비싼 액스민스터 양탄자 위에 물을 뚝뚝 흘리느냐고 미처 따지기도 전에, 퍼지는 그가 한 번도 들어 본 적이 없는 감옥과 '실이 없어' 블랙이라고 하는 남자와, '혹의 아트'라나 뭐 그런 어떤 것과 해리 포터라고 하는 사내아이에 대해서 마구 떠들어 대기 시작했다. 하지만 수상은 그 모든 게 무슨 뚱딴지같은 소리인지 도무지 영문을 알 수 없었다. (『혼혈왕자』 1권, 20-21)

수상은 "Sirius Black"이라는 이름을 비슷한 말인 "Serious Black"이라고 알아들었는데, 이 말을 그대로 "진지한 블랙"이라고 번역했다면 비슷한 음가로 낼 수 있는 효과를 이루지 못했을 것이다. 그러나 "실이 없어" 블랙은 좀 과한 번역인 듯하다. 차라리 "실없는" 블랙이 의미도 살고 소리도 사는 번역이 아닐까?

이렇게 말의 재치를 부린 다른 예를 살펴보자. 론 위즐리(Ron Weasley)의 쌍둥이 형들인 프레드와 조지는 장난감 가게를 운영하게 된다. 이 가게에 붙은 포스터는 그들의 장난스런 기질을 잘 드러낸다. 이 영어 포스터를 번역한 한글 포스터가 똑같은 효과를 거두고 있는지 살펴보자.

ST.

WHY ARE YOU WORRYING ABOUT
YOU-KNOW-WHO
YOU SHOULD BE WORRYING ABOUT
U-NO-POO—
THE CONSTIPATION SENSATION
THAT'S GRIPPING THE NATION! (*Half-Blood Prince* 116)

TT.

왜 그 사람에 대해서 걱정하십니까?
이걸 걱정하십시오.
이 나라의 꽉 막힌 속을 뚫어 줄
대변-자가 없는 것을! (『혼혈 왕자』 1권, 190)

5장 실무 번역

1. 실무 번역의 범주

실무적 목적을 띤 거의 모든 영역의 번역을 실무 번역이라고 규정하며 이 분야는 매우 다양하고 광범위하다. 실무 번역은 기술 번역, 홍보 번역, 법률 번역, 특허 번역, 논문 번역, 의학 및 약학 번역 등을 포함한다. 실무 번역에서는 각 번역대상의 성격에 따라 문체나 어휘의 선택이 달라진다. 다음에 인용한 화장품 설명서나 텔레비전 매뉴얼처럼, 번역 대상의 성격에 따라 출발텍스트와 도착텍스트의 정보의 양이 도착언어권의 상황을 고려해 달라질 수도 있다. 숫자나 쉼표, 마침표 등도 정확하게 사용해야 한다. 예를 들면, 상품의 가격으로 "10,000" 달러라고 표기해야 하는데 "10.000"로 표기하는 실수를 한다면, 만 달러가 아닌 십달러를 받는 치명적인 실수를 할 수도 있다.

1) 기술 번역

사용자 매뉴얼을 포함하여 화학, 자동차, 철도, 컴퓨터, 기계 공학 및 원자력 등의 분야에서 다루어지는 기술 문서 등의 번역이다. IT나 게임, 웹 번역 등도 기술 번역에 포함된다. 기술 문서를 번역할 때는 문장 뿐 아니라 기호, 숫자 및 단위도 도착언어에 맞게 적절하게 번역해야 한다. 그러나 도착문화권의 도량형으로 번역할 경우에 정확성의 문제가 제기될 여지가 있을 경우에는 원래의 도량형을 사용하거나, 함께 병기하는 것이 적절하다. 새로운 기술과 함께 생겨난 신조어가 있을 경우에 출발언어권의 용어를 음가대로 사용할 것인지, 도착언어권의 문화에 맞게 사용할 것인지는 번역의 상황이나 도착언어권의 문화적 상황을 고려하여 번역하는 것이 중요하다.

2) 홍보 번역

소개 책자, 광고 프레이즈, 브랜드 관리, 미디어, 경영 광고기획, 광고문서, 광고주제 연구, 시장조사, 시장마케팅, 영상 및 대중 매스컴 문서, 공공 기획 등이 해당된다. 홍보 번역에서 가장 중요한 것은 도착언어로의 번역문이 출발문화권에서와 같은 효과를 내도록 해야 한다는 것이다. 예를 들면 코카콜라에 대한 원래의 홍보 문구는 "Enjoy Coca cola!" 였으나 한국어로 번역하면서 "마시자! 코카콜라!"로 다르게 번역하여 같은 효과를 도모했다. 중국어로는 "享受可口可樂"(xiǎng shòu kěkǒu kělè)로 번역하여 원래의 "즐기자"는 의미를 살렸다.

3) 법률 번역

법률 법규, 계약서, 소송중재, 법학서적, 호적, 법률문서, 법원문서, 컨설팅, 임대차계약, 의견서 등의 번역이다. 법률 번역은 법망을 빠져

나갈 틈을 막기 위해 많은 조건을 달고 있으므로 길고 까다롭다. 법률 번역을 잘 하기 위해서는 뛰어난 언어 구사 능력도 있어야 하지만 특히 법률에 대한 적절한 지식을 가지는 것이 필수적이다. 법률 번역에서는 섬세한 문장력과 강한 논리가 필요하며, 많은 전문 용어와 복잡한 문장 구조를 사용하게 되므로 법률 번역가는 상당히 높은 자질이 필요하다. 예로 계약 규정의 한 부분을 살펴보면 그 까다로운 조건을 짐작할 수 있다.

> "책임의 한계: 사전에 같은 가능성에 대해 충고를 받았다고 하더라도, 이 계약으로 인해, 혹은 관련되어서, 혹은 계약의 수행에서, 혹은 그것의 해약으로 인해 생겨나는 어떠한 간접적이거나, 결과적이거나, 우연적이거나, 특정적이거나 징계적인 손해나 상실한 이익에 대하여, 어떤 경우에도, 어느 당사자도 다른 당사자에 대해 책임이 없을 것이다."

4) 특허 번역

특허와 관련된 자료들인, 명세서, 특허 중간서류, 특허 법률문서, 보정서류, 상표, 의장 등록증 및 출원서류 등의 번역이다. 좋은 번역을 하기 위해서는 관계된 기술 분야에 대한 폭 넓은 이해도를 갖추어야 한다. 특허 번역에서 가장 중요한 요인이 빠른 번역이다. 다른 사람보다 먼저 특허권을 따는 것이 중요하므로 특히 번역의 속도가 요구된다.

5) 논문 번역

일반적으로 논문 번역을 잘 하려면 번역자는 일반적인 언어 구사력 이상의 능력을 가져야 한다. 즉 학문적인 언어 구사력이 필요하다. 또한 각 논문의 분야가 다르므로 번역자는 그 논문의 전공 분야에 대한 풍부한 배경지식을 갖추어야 한다. 그 배경지식과 함께 논문의 전공 분야의 학술용어나 전문용어를 잘 알고 구사할 수 있어야 한다.

6) 의학 및 약학 번역

의학이나 약학 관련 글을 적절하게 잘 번역하기 위해서는 번역자는 의학이나 약학에 대한 배경지식을 갖추어야 한다. 그리고 그 분야의 문체나 어휘를 적절히 구사할 수 있어야 하며, 구체적인 의학 및 약학 용어에 대한 지식을 충분히 갖추고 있어야 한다.

2. 실무 번역의 실제

1) 법률 번역: 미국 헌법 수정안

ST.

〈Constitution of USA〉
〈Amendment Article 1〉
Congress shall make no law respecting an establishment of religion, or prohibiting the free exercise thereof; or abridging the freedom of speech, or of the press; or the right of the people peaceably to assemble, and to petition the Government for a redress of grievances.

TT.

〈미합중국 헌법〉
〈수정안 제1조〉
의회는 국교를 정하거나 종교 행위를 금지하는 법을 제정하여서는 안 된다. 또 의회는 언론 출판의 자유 또는 국민들이 평화적으로 집회를 할 수 있는 권리와 고충 처리를 위해 정부에 청원할 수 있는 권리를 제한하는 법을 제정하여서는 안 된다.

ST.

〈Amendment Article 14〉

Section 1

All persons born or naturalized in the United States, and subject to the jurisdiction thereof, are citizens of the United States and of the State wherein they reside. No State shall make or enforce any law which shall abridge the privileges or immunities of citizens of the United States; nor shall any State deprive any person of life, liberty, or property, without due process of law; nor deny to any person within its jurisdiction the equal protection of the laws.

TT.

〈수정안 14조〉

제1절

미국에서 태어나거나, 귀화한 자 및 그 사법권에 속하게 된 사람 모두가 미국 시민이며 거주하는 주의 시민이다. 어떤 주도 미국 시민의 특권 또는 면제 권한을 제한하는 법을 만들거나 강제해서는 안 된다. 또한 어떤 주도 법의 적정 절차 없이 개인의 생명, 자유 또는 재산을 빼앗아서는 안 된다. 또한 그 사법권 범위에서 개인에 대한 법의 동등한 보호를 부정해서는 안 된다.

2) 화장품 설명서 (영어 → 한국어)

ST.

Neutrogena Norwegian Formula Foot Cream provides prompt relief for even seriously dry, rough feet. Especially recommended for dry heels and calluses, this concentrated formula delivers over 17 hours of moisturization with every use. Used daily, it restores skin softness and helps keep the dry patches from coming back. Just a small amount leaves feet feeling noticeably softer and smoother.

It started with Norwegian fishermen. Faced with some of the harshest, coldest weather on earth, they used a formula that delivers concentrated levels of glycerin to dry, chapped skin providing immediate and lasting relief.

TT.

뉴트로지나 노르웨이젼 포뮬러 풋 크림은 순도 99%의 고농축 글리세린 성분이 함유된 집중적인 풋 트리트먼트 크림으로 심하게 건조해서 거칠어진 발 피부를 부드럽게 가꾸어 줍니다. 17시간 동안 지속되는 보습성분이 발뒤꿈치의 심하게 건조한 부분을 촉촉하고 부드럽게 가꿔줍니다. 뉴트로지나 노르웨이젼 포뮬러 풋 크림은 발에 바르자마자 빠르고 깔끔하게 흡수되며, 멘톨 성분이 함유되어 산뜻한 풋 크림입니다.

3) LCD TV Manual (한글 → 영어)

다음은 한국에서 미국으로 수출된 LCD TV의 영어 매뉴얼을 같은 제품에 대한 한국어 매뉴얼과 비교한 것이다. 한국어 매뉴얼과 영어 매뉴얼은 형식 뿐 아니라 제공하는 정보에 있어서도 차이가 있다. 한국어 매뉴얼은 비서술식이며 전달하는 정보가 간단한 반면 영어 매뉴얼은 서술식이며 기술적 정보를 훨씬 더 자세하게 설명한다.

ST.

LG 디지털 TV의 다양한 첨단 기능

* PLASMA TV란? 유리기판 사이에 가스를 넣고 전압을 가하면 방전하여 나오는 자외선이 형광체와 융합하여 빛을 발광하는 현상을 이용한 차세대

평면 TV입니다.

* TV를 시청하면서 현재 방송되는 프로그램을 하드 디스크에 저장 녹화할 수 있는 타임머신 기능
* 방송안내 혹은 채널/시간 정보를 이용하여 간편하게 녹화할 수 있는 예약 녹화 기능
* 양방향 통신이 가능하여 하나의 케이블을 통해 영상, 음성 및 각종 제어 명령을 주고받을 수 있는 IEEE 1394 기능
* XD엔진이란? 진보된 디지털 영상 신호 처리를 통해 보다 실감나는 고화질 영상을 보여주는 LG 전자 고유의 화질 개선기술입니다.
* 상하좌우 160도 이상의 광시야각을 제공하여 어느 각도에서나 왜곡 없는 화면을 시청

TT.

* How does it work?

Plasma TV is an array of cells, known as pixels, which are comprised of three sub-pixels, corresponding to the colors red, green, and blue. Gas in a plasma state is used to react with phosphors in each sub-pixel to produce colored light (red, green, or blue). These phosphors are the same types used in Cathode Ray Tube (CRT) devices such as televisions and common computer monitors.

Plasma TV offers a rich, dynamic display because each sub-pixel is individually controlled by advanced electronics to produce over 16 million different colors. This means that you get perfect images that are easily viewable in a display that is fewer than five inches thick.

* 160°-Wide angle range of vision

Your flat panel plasma screen offers an exceptionally broad viewing angle of over 160 degrees. This means that the display is clear and visible to viewers anywhere in the room.

ST.

* 화면에서 생길 수도 있는 유색의 점(휘점, 명점, 암점, 점멸)에 대하여

본 제품의 디스플레이 화면에 적용되는 일반적으로 90만 개에서 220만 개 정도의 화소로 구성되어 있으며 제품 특성상 결점화소가 발생할 가능성이 높은 제품입니다. 고객님께서 사용하시는 제품에서 일정 수 이하의 유색점은 제품의 성능저하 및 신뢰성에는 무관하며 사용하시는데도 어려움이 없다고 판단하고 있습니다. 상기와 같은 평가기준은 타 회사의 제품도 거의 유사한 실정이며 이러한 제품은 정상제품이므로 교환 및 환불의 대상이 되지 않음을 양해하여 주시기 바랍니다. 결점화소를 최소화하기 위하여 최신의 기술개발에 노력하겠습니다.

TT.

The Plasma TV Manufacturing Process: a few minute colored dots may be present on the Plasma TV screen.

The Plasma TV is composed of 0.9 to 2.2 million cells. A few cell defects will normally occur in the Plasma TV manufacturing process. Several tiny, minute colored dots visible on the screen should be acceptable. This also occurs in other Plasma TV manufacturers' products. The tiny dots appearing does not mean that this Plasma TV is defective. Thus a few cell defects are not sufficient cause for the Plasma TV to be exchanged or returned. Our production technology minimizes these cell defects during the manufacture and operation of this product.

ST.

* 제품 동작 중 발생되는 소음에 대하여

컴퓨터 제품이 CPU를 냉각시키기 위해 내부에 팬을 사용하는 것과 마찬가지로 본 제품도 동작 중 제품 내부의 온도를 냉각시키기 위해 팬이 동작되도록 설계되었습니다. 따라서 팬 동작시 일정수준의 소음이 발생될 수 있습니다. 또한 제품 내부의 HDD(하드 디스크 드라이브)의 메모리 데이터를 읽

고 지울 때에도 소리가 날 수 있습니다.

이러한 소음은 제품의 성능 및 신뢰성에는 무관하며 사용하시는데도 어려움이 없다고 판단하고 있습니다. 일정수준의 소음 발생은 정상제품이므로 교환 및 환불의 대상이 되지 않으니 양해하여 주시기 바랍니다.

TT.

* Cooling Fan Noise

In the same way that a fan is used in a PC computer to keep the CPU (Central Processing Unit) cool, the Plasma TV is equipped with cooling fans to cool the Monitor and improve its reliability. Therefore, a certain level of noise could occur while the fans are operating and cooling the Plasma TV.

The fan noise doesn't have any negative effect on the Plasma TV's efficiency or reliability. The noise from these fans is normal during the operation of this product. We hope you understand that a certain level of noise from the cooling fans is acceptable and is not sufficient cause for the Plasma TV to be exchanged or returned.

4) 체온계 사용법(한국어 → 영어)

ST.

사용 방법: 귀를 약간 잡아 당겨서 이도를 펴고 온도감지부와 일직선이 되도록 똑바로 넣어주시고, 측정버튼을 누르면, 1초 만에 정확한 체온이 측정됩니다.

측정 원리: 귀 적외선 체온계 'NET-100'은 고막과 고막을 둘러싼 피부에서 발생하는 적외선을 이용하여 체온을 측정.

제품 특징: 귀 적외선 체온계 'NET-100'은 필터가 필요없어 가정에서 경제적으로 사용할 수 있는 실속형 귀 측정방식 체온계입니다. 본 제품은 고막이나 이도 등에 손상을 주지 않도록 안전하게 설계되었으며, 1초의 빠른 시간에

정확한 체온 측정이 가능합니다.
* 6,000회 이상 사용가능
* 8회 측정값 저장
* 필터가 필요없어 유지비용 절약
* 측정시간 1초, 재측정 준비시간 0.1초
* 0.2 의 측정 정확도
* 인체공학적 슬림 디자인
* 미사용시 자동 전원 종료

TT.

* How to Use NET-100

1. Pull the ear smoothly to flatten the ear canal.
2. Place the probe facing eardrum in straight line.
3. Press the measurement button.
4. The measurement is done with "beep" sound.

* Principle of Measurement

NET-100 measures the infrared heat generated by the eardrum and surrounding tissue. The eardrum shares the same blood with hypothalamus, temperature control part in the brain. Therefore, measurement via eardrum is the most accurate and the fastest way to measure body temperature.
* Special Features
* No Probe Filter
* 8 Memory
* Quick Measurement "1 Sec."
* Ready Time "0.1 Sec."
* Accurate and Reliable " 0.2"
* Auto-off(1 Min.)

5) 원적외선 진동 자기장 마사지 (한글 → 영어)[1]

ST.

* 사용설명

영향혈을 마사지할 때에는 사용자의 상태에 알맞게 강.약 조절해서 사용하시면 됩니다. 사용시 원적외선을 함께 사용하시면 코 건강을 개선하는데 큰 도움을 줍니다.

3500가우스의 강력한 자력과 원적외선으로 초점방사가 되기 때문에 진동없이 자력만으로 마사지가 가능합니다.

초점방사로 3500가우스의 초강력 자력과 원적외선이 체내 침투하여 코건강 상태를 최상으로 유지시키는데 도움을 줍니다.

TT.

* Vibrating magnetic massage device with infrared ray emission

* Guideline

Adjust strength of vibration when massaging young-hyangspot. Apply far infrared ray to improve nose condition.

Strong magnetism (3500-gauss) and far infrared ray are focally emitted for massage effect even without vibration.

Super-strong magnetism (3500-gauss) and far infrared ray infiltrate the body to keep best nose condition.

---

1) 영어 번역의 질은 훌륭한 편이나 번역대상 독자에 대한 고려가 부족하다. 예를 들면 얼굴의 혈의 명칭을 한국어 음가로 표현한 것이 영어권 독자의 이해를 도울 수 있는가 하는 점이다. 실제 매뉴얼에서는 띄어쓰기가 전혀 안되어 있어서 힘써 한 번역의 노고를 무위로 돌리고 있다. 이 인용문은 띄어쓰기를 보완한 것이다.

ST.

* 원적외선 자력의 효능

* 원적외선 효능

원적외선의 방사로 피하심층의 온도상승, 미세혈관의 확장, 혈액순환의 촉진, 신진대사의 강화, 조직재생능력의 증가 등으로 나타나고 있고 부인병, 신경계 질병, 노인성 질환에도 탁월한 효과가 나타나고 있습니다.

* 자력의 효능/ 육기자기력요법

육기맥을 통해 병을 진단하고, 그 진단에 따라 선택된 혈위에 일반호침을 쓰지 않고 650가우스 이상의 자석을 붙여서 병을 지료하는 방법으로 자력은 대체의학으로 널리 활용되고 있습니다.

TT.

* Benefit of Far Infrared Ray and Magnetism

* Benefit of far infrared ray

Far infrared ray raises temperature under the skin, extends fine blood vessels, enhances blood circulation, improves metabolism and cell-reviving performance. Also, it shows excellent effects in mitigating female disease, nervous system disorders and senile disease.

* Benefit of magnetism/ Yukki magnetic method

It is a widely used alternative method to diagnose a body condition through pulses at Yukki spots and treats ill spots with magnetics (over 650 gauss) instead of acupuncture needles.

ST.

* 주의사항

유아나 어린이의 손에 닿지 않는 곳에 보관하시고 사용시 지도를 바랍니다. 얼굴을 비롯한 체내의 매입형 의료용 전자기기를 사용하고 있는 사람은 사용을 절대 금합니다. 건전지는 AAA형(1.5V)을 사용합니다.

* 응용분야

코쎈은 얼굴 부위 여러 혈자리를 마사지 하도록 설계되어 있습니다. 영향혈 뿐만 아니라 태양혈, 죽혈 등을 마사지해도 경락의 효과를 볼 수 있으며 얼굴 전체 혈액순환을 원활하게 해 피부미용에도 도움을 줍니다. 특히 졸음 운전, 얼굴근육 경련, 피부땡김, 눈 피로 등에도 마사지 하시면 피로회복에도 도움을 줍니다.

TT.

* Caution

Keep out of reach of babies or young children, and instruct them for right use. Use of Cossen is strictly banned for people who have medical electronic devices installed in the body (including face). Use AAA-size battery (1.5V).

* Applications

Cossen is designed to work for various circulation spots in the face including Taeyang spot and Juk spot. Enhanced blood circulation makes the skin more luminous and smooth. Also, the device mitigates tight and dry feeling in the face, eye fatigue, face cramps, and helps to prevent dozing off while driving.

6) 무역 번역(한국어 → 영어)[2]

2) 무역번역은 일정한 서식이 정해져 있으므로 이 서식을 익혀 두면 다양하게 이용할 수 있다. 무역에서는 조금의 실수도 큰 손해로 이어질 수 있으므로 최대한 조건을 상세히 기록하고 숫자와 쉼표, 마침표 등의 문장 번호도 정확하게 기술하여야 한다.

ST.

* 조회

담당자님께.

저희는 한국에 있는 무역상으로 귀사에서 제조하는 침대 시트와 베개를 수입하여 판매하고자 합니다. 제품의 크기, 색깔, 가격을 포함하여 귀사의 제품에 대한 상세한 내용을 알려주십시오. 각 품목 당 구입매수에 따른 할인율도 알려주시기 바랍니다.

TT.

* Inquiry

Dear Sirs or Madams:

We are one of the leading business dealers in Korea. We are interested in importing and selling bed sheets and pillow cases manufactured by your company. We would like you to send us details of your various ranges, including sizes, colors and prices. When replying, please state discounts you would allow on purchases of quantities of individual items.

ST.

* 회신

귀사가 8월 31일자로 보낸 서신을 받아보고 저희 제품에 관심을 가져주신 것에 감사드립니다. 귀사가 요청한 세부사항을 기재했으며 사진이 나와 있는 카탈로그를 보내드립니다. 가격표와 할인율도 동봉합니다. 저희 회사가 제조하는 전 품목에 대한 카탈로그도 동봉합니다. 또 별도로 귀사가 요청한 품목에 대한 견본품을 보냅니다. 잘 검토해주시고 연락주시면 감사하겠습니다.

TT.

* Reply to an Inquiry

We were very pleased to receive your inquiry of August 31st and thank you for your interest in our products. And we are sending our illustrated catalogue and the details you ask for. Also we will send you a full price list and discount rate. And we will send you a catalogue of a full range of products manufactured by our company. Also by separate post we will send you a full range of samples. We look forward to receiving your first order.

ST.

* 견적

저희 침구시트와 베개에 대한 9월 5일자의 조회에 감사드립니다. 저희 침구류는 품질 면에서 많은 거래처로부터 인정을 받고 있습니다. 지난해에도 여러 나라의 거래자들에게 이 품목을 공급한 바 있습니다. 그리고 많은 나라에서 재주문을 받았습니다. 귀측이 언급한 수량에 대해 기꺼이 다음과 같이 견적을 합니다.

TT.

* Quotation

Thank you for your inquiry of September 5th on our bed sheets and pillowcases. Our products has been recognized as having good qualities from many dealers. During the past year we have supplied this range to dealers in several countries. From many of them we have already had repeat orders. For the quantities you mention we are pleased to quote as follows:

ST.

* 주문

귀사의 견적내용을 보내주신 10월 1일 자 서신에 감사드립니다. 귀측의 상품의 품질과 가격이 적절하다고 생각되어 귀사의 서신에 명시된 조건에 따라 다음과 같이 시험주문을 하기로 결정했습니다. 단 이 달 말까지 제 시간에 도착할 수 있도록 급송해주셔야 합니다. 이 날짜 이후에는 주문을 취소하거나 인도를 거부할 권리를 본사가 보유할 것을 조건으로 합니다.

TT.

* Order

Thank you for your letter of October 1st sending us quotation details. We think the quality and price of your items proper and have decided to place a trial order for the following, on the terms stated in your letter, but only if you can guarantee to dispatch in time to reach us by the end of this month. And we place this order on the clear understanding that we reserve the right to cancel it and to refuse delivery after this date.

ST.

* 불만

저희는 지난 11월 5일 자 서신에서 귀측의 상품이 11월 말까지 도착할 것을 전제로 주문을 하였으며 늦어지는 경우는 주문을 취소할 수도 있다는 것을 강조했습니다. 저희는 주문에 대한 확인 회신을 받지 못했으며 상품도 인도하지 못했습니다. 따라서 저희는 심각한 불편을 겪고 있습니다. 저희 문제를 속히 검토하셔서 예상되는 인도날짜를 알려주시면 감사하겠습니다. 더 이상 늦어질 경우는 주문을 취소할 수 있으며 이에 대한 책임은 전적으로 귀사에 있음을 통고드립니다.

TT.

* Complaint

On 5th November I sent you an order for your products under the condition that they should be arrived by the end of November, stressing that the order can be cancelled if delayed. I have received no acknowledgment of the order, nor have the goods been delivered. So we are experiencing serious inconvenience. I shall be glad if you will look into the matter as one of urgency and let me know when the products will be expected. If it is delayed more than now I may cancel the order and I again confirm the responsibility is entirely up to you.

ST.

* 송장

9월 5일자로 주문하신 침구와 베개에 대한 870번 송장을 동봉하게 되어 기쁘게 생각합니다. 해당금액을 수령하는 즉시 비행기 편으로 보내드리겠습니다.

TT.

* Invoice

We are pleased to enclose our invoice No. 870 for the bed sheets and pillowcases ordered on 5th September. All will be sent to you by air immediately we receive the amount due.

6장 시사 번역

시사 번역은 성인을 대상으로 한 것이므로 번역문은 성인용 어휘와 문장구조를 사용해야 한다. 시사문은 경제, 법, 과학, 인문 등 다양한 분야를 다루므로 번역문에서도 각 분야의 전문 어휘와 문체를 그대로 살려주도록 노력해야 한다. 또 필요한 경우 대상독자의 이해를 돕기 위해서 역주를 달아주어야 한다.

1. 연설문 번역

이 부분에서는 영어 연설문과 한국어 번역문을 살펴볼 것이다. 연설문은 감동을 끌어내기 위해 드라마틱한 구조를 채택하면서 많은 수사를 동원하고 있으므로 번역문도 그런 효과를 살릴 수 있도록 조정해야 한다.

1) 에이브러햄 링컨(Abraham Lincoln)의 게티즈버그 연설 (Gettysburg Address)

ST.

Four score and seven years ago our fathers brought forth on this continent a new nation, conceived in liberty, and dedicated to the proposition that all men are created equal.

Now we are engaged in a great civil war, testing whether that nation, or any nation, so conceived and so dedicated, can long endure. We are met on a great battle-field of that war. We have come to dedicate a portion of that field, as a final resting place for those who here gave their lives that that nation might live. It is altogether fitting and proper that we should do this.

But, in a larger sense, we can not dedicate, we can not consecrate, we can not hallow this ground. The brave men, living and dead, who struggled here, have consecrated it, far above our poor power to add or detract. The world will little note, nor long remember what we say here, but it can never forget what they did here. It is for us the living, rather, to be dedicated here to the unfinished work which they who fought here have thus far so nobly advanced. It is rather for us to be here dedicated to the great task remaining before us — that from these honored dead we take increased devotion to that cause for which they gave the last full measure of devotion — that we here highly resolve that these dead shall not have died in vain — that this nation, under God, shall have a new birth of freedom — and that government of the people, by the people, for the people, shall not perish from the earth.

TT.

여든 하고도 일곱 해 전, 우리의 선조들은 자유 속에 잉태된 나라, 모든 사람은 평등하다는 믿음에 바쳐진 새 나라를 이 대륙에 낳았습니다.

지금 우리는 그 나라, 혹은 그 같이 태어나고 그 같은 믿음을 가진 나라들이 오래도록 버틸 수가 있는지 시험받는 내전을 치르고 있습니다. 그리고 우리는 그 전쟁의 거대한 격전지가 되었던 싸움터에 모였습니다. 우리는 그 땅의 일부를, 그 나라를 살리기 위하여 이곳에서 생명을 바친 이들에게 마지막 안식처로서 바치고자 모였습니다. 이것은 우리가 그들에게 해 줘야 마땅하고 옳은 일인 것입니다.

그러나 보다 넓은 의미에서, 우리는 이 땅을 헌정하거나, 봉헌 하거나, 신성하게 할 수 없습니다. 이곳에서 싸우다 죽은, 혹은 살아남은 용사들이 이미 이 땅을 신성하게 하였으며, 우리의 미약한 힘으로는 더 이상 보탤 수도, 뺄 수도 없기 때문입니다. 우리가 지금 이 자리에서 말하는 것을 세상은 주목하지도, 오래 기억하지도 않을 것입니다. 하지만 그 용사들이 이곳에서 한 일은 결코 잊지 못할 것입니다. 우리, 살아남은 이에게 남겨진 일은 오히려, 이곳에서 싸운 이들이 오래도록 고결하게 추진해온, 끝나지 않은 일에 헌신하는 것입니다. 우리들에게 남은 일은 오히려, 명예로이 죽은 이들의 뜻을 받들어, 그분들이 마지막 모든 것을 바쳐 헌신한 그 대의에 더욱 헌신하는 것입니다. 그것은 그분들의 죽음이 헛되지 않도록 하고, 신의 가호 아래, 이 땅에 새로운 자유를 탄생시키며, 그리고 인민을 위한, 인민에 의한, 인민의 정부가 지구상에서 죽지 않도록 하는 것입니다.

2) 마틴 킹 루터(Martin Luther King Jr.)의 "나에게는 꿈이 있습니다"(I have a Dream)

ST.

I have a dream that one day this nation will rise up and live out the true meaning of its creed: "We hold these truths to be self-evident; that all men are created equal."

I have a dream that one day on the red hills of Georgia the sons of former slaves and the sons of former slave owners will be able to sit down together at the table of brotherhood.

I have a dream that one day even the state of Mississippi, a state sweltering with the heat of injustice, sweltering with the heat of oppression, will be transformed into an oasis of freedom and justice.

I have a dream that my four little children will one day live in a nation where they will not be judged by the color of their skin but by the content of their character.

TT.

나에게는 꿈이 있습니다. 언젠가는, 이 나라가 일어나 "모든 사람은 평등하게 태어났다"라는 진실의 강령대로 살아가는 날이 있을 것이라는 꿈이 있습니다.

나에게는 꿈이 있습니다. 언젠가는, 조지아 주의 붉은 언덕 위에서 노예들의 후손들과 노예소유주들의 후손들이 형제애의 식탁에서 함께 자리할 수 있을 것이라는 꿈이 있습니다.

나에게는 꿈이 있습니다. 부정과 억압의 열기로 찌는 듯한 미시시피 주 조차도 언젠가는 자유와 정의의 오아시스로 바뀔 것이라는 꿈을 저는 가지고 있습니다.

나에게는 꿈이 있습니다. 나의 자식 넷이 언젠가는 그들의 피부색이 아니라 그들의 개별성에 의하여 판단되는 나라에서 살게 될 것이라는 꿈을 가지고 있습니다.

2. 신문 기사와 에세이 번역

여기서는 신문 기사와 〈타임〉(*The Times*) 주간지에 실린 편집인의 대표 에세이를 번역해 볼 것이다. 신문 기사는 '육하원칙'을 기본적인 원칙으로 하여 정확한 사실과 논평의 결합으로 이루어져 있다. 한편 대표 편집인이 쓰는 대표 에세이는 어떤 사안에 대한 편집인의 학식과 판단력, 통찰력을 드러내는 총체적인 글이다. 신문 기사에 비해 에세이는 이해하기도 쉽지 않을 뿐 더러 적절하게 번역하는 것도 쉽지 않다. 에세이를 번역하기 위해서는 번역자는 뛰어난 영어 구사력을 갖추어야 할 뿐만 아니라 정치, 경제, 문화에 대한 지식도 두루 갖추고 있어야 한다. 또 필요한 경우에는 번역자는 번역문의 독자의 이해를 도와줄 수 있는 주석을 달아주는게 바람직하다. 이때 역주를 다는 방식은 독자의 가독성을 방해하지 않는 방식으로 이루어져야 한다.

다음은 학생들이 신문 기사와 타임지의 에세이를 번역한 것이다. 학생들의 영어 구사력이 부족해서 많은 오역이 들어있는 글이다. 오역을 찾아 더 나은 번역으로 바꾸어보고, 역주를 적절하게 다는 방법도 논의해보자. 한글 번역문을 읽을 때 어색하거나 비논리적인 부분은 오역일 가능성이 높다. 그래서 먼저 한글 번역문의 가독성을 평가해 보고, 그 다음 원문과 비교하여 번역의 충실성을 평가하는 것이 바람직하다.

1) 신문 기사

ST.

"Stock market often useful predictor of economic trends"

Will the long and sharp decline in stock prices derail the ongoing recovery in the U.S. economy? Or will the economy falter, confirming the troubled market? So far, we're in a recovery, but it's still young and vulnerable. According to monthly measures of real income, sales, production and employment, the economy increased this year almost as much as it decreased during the recession of 2001. Both the recession and the recovery look relatively mild.

TT.

"주식시장 종종 경제 동향을 알리는 유용한 예언자"

장기간의 주가 급락 현상이 현재 진행 중인 미국 경기 회복을 빗나가게 할까? 아니면 경제가 휘청거리면서 불안한 주식시장을 추인해 줄 것인가? 지금까지 우리는 경기 회복 과정에 있지만 아직 완숙 단계가 아니며 불안한 상황이다. 실질 소득, 매출, 생산, 고용의 월별 수치를 보면 올 들어 경제는 지난해 경기 침체 때의 위축 폭과 거의 비슷한 규모로 성장했다. 당시의 침체나 지금의 경기 회복이나 모두 비교적 완만해 보인다.

ST.

In contrast, the latest up-and-down wave in stock prices has far exceeded, in both size and length, any of the previous market waves of the past half-century. The broad Standard and Poor's index of 500 common stocks, having nearly quadrupled during the long business expansion of the 1990s, has lost about 40 percent of its value since its peak in August 2000. That dramatic swing has dominated newspaper headlines; but historically, what happens to the stock market isn't a significant cause of what happens to total production, employment and so on. The economy is the stronger partner here — it's the dog that wags the tail, not the other way around.

TT.

이와는 대조적으로 최근 주가의 연속적인 등락은 지난 반세기 주식시장의 등락과 비교할 때 훨씬 폭이 크고, 기간도 길다. 지난 90년대 경기 팽창 시기에 거의 4배로 올랐던 광범위한 스탠다드 앤 푸어즈 500대 기업 주가 지수는 2000년 8월 최고가를 기록한 이래 그 가치가 40퍼센트 줄었다. 그러한 극적인 등락은 신문 헤드라인을 뒤덮었다; 그러나 역사적으로 주식시장의 움직임은 총 생산과 고용 등 경제 전반 움직임의 중요한 원인은 아니다. 경제는 이점에서 더 강력한 동반자이다. — 움직임을 이끄는 역할을 하며 그 반대 상황은 성립되지 않는다.

ST.

However, the stock market's often a useful predictor of economic trends. Usually, but not always, stock prices turn down several months before a recession starts and turn up several months before a recovery starts. In the postwar period, the market led nine out of 10 business cycle peaks and eight out of 10 troughs. That sounds ominous. But there's a more optimistic perspective when the situation is considered in reverse: Not every major market fluctuation leads to a corresponding change in the economy. Some sharp declines in the S&P 500 have occurred during business expansions. The crash of '87 deserves special mention, given our current situation: despite widespread fears at the time, and thanks partly to government stimulus, there was no recession.

TT.

그러나 주식시장은 종종 경기 동향을 알리는 유용한 예언자의 역할을 한다. 보통, 그러나 언제나 그런 것은 아니지만, 주가는 경기 침체가 시작되기 몇 달 전에 하락을 시작하고 경기 회복 시작 몇 달 전에 상승세로 돌아선다. 2차 대전 후를 살펴보면 주식시장은 10번의 경기 정점기 가운데 9번의 경우 먼저 상승을 시작했고 10번의 불황기 가운데 8번의 경우에 먼저 하락세를 보였다. 이는 불길하게 들리는 얘기다. 그러나 역으로 생각하면 보다 낙천적인 관점도 있다. 모든 주요 주식시장이 경제 변화에 상응하는 변화를 이끄는 것은 아니라는 것이다. S&P 500의 급락 가운데 몇 차례는 경기 팽창기에 일어났다. 현재의 상황을 고려한다면 87년의 폭락은 특별한 언급이 필요하다. 당시 우려가 널리 퍼져있었음에도 불구하고 또한 부분적으로는 정부의 부양 정책 덕분이기도 하지만 경기 침체는 없었다.

ST.

It's very important to note that while bear markets have occurred during expansions, they haven't occurred during any other recovery since World War II, so in this respect the current situation is unique. (A recovery becomes an expansion once the index of economic activity exceeds its pre-recession peak.) Typically, economic growth rates are very high during recoveries, and rapid growth favors rising profits and stock prices. So, arguably, should the economy continue to expand, chances are high that the stock market decline will come to an end soon. This, of course, would be the best resolution of the current contradictory trends.

TT.

위축 장세가 경기 팽창기에 발생했지만 전후 경기 회복기에는 없었다는 점에서 현재의 상황은 특수한 것이라는 점에 주목하는 것이 중요하다. (경기 회복은 경제 활동 지수가 일단 이전의 최고점을 넘어서면 팽창이 되는 것이다.) 전형적으로 경제성장률은 회복기에 매우 높고, 빠른 속도의 성장은 높은 수익과 주가 상승을 선호한다. 따라서 논쟁의 여지는 있지만 경제가 계속 팽창하면 주식시장의 하락이 멈출 확률이 커지는 것이다. 이러한 상황은 물론 현재의 모순적인 흐름에 대한 최적의 귀결이 될 것이다.

2) 에세이

(1) "Armageddon Must Wait"

ST.

There are various ways of looking at history. One of them is the determinist view — the notion that the course of events is guided by some invisible hand. A subgroup of this approach is historical optimism — the belief that eventually everything will be hunky-dory. What locale could be more conducive to historical optimism than the Cape of Good Hope? Thus many observers thought that the demise of apartheid would spell the arrival of a nonracial democracy, that the advent of a black government would solve the problems of South Africa.

TT.

역사를 보는 데에는 다양한 관점이 있다. 그 중 하나가 사건의 추이는 보이지 않는 손(영국의 경제학자인 애덤 스미스가 사용한 말로서 개개의 모든 이해는 궁극적 자연적으로 조화를 이룬다는 사상)에 의해 좌우된다는 결정론적 관점이다. 이러한 관점에는 모든 것이 더할 나위 없이 잘 될 것이라고 믿는 역사적인 낙관론이 있다. 희망봉(아프리카 남서부에 있는 갑)보다 역사적 낙관론에 힘을 실어 줄 수 있는 장소가 어디에 있겠는가? 그 예로 많은 평자들이 아파르트헤이트(남아공화국의 흑인 또는 기타 유색 인종에 대한 차별 정책)의 폐지가 비 인종적 민주주의를 출현시킬 것이고, 흑인 정부의 출현이 남아프리카의 문제들을 해결할 것이라고 생각했다.

ST.

Opposing this school of thought were the Afro-pessimists. They considered it a foregone conclusion that the heart of darkness would engulf the tip of the continent. One year into the New South Africa, both theories have been proved wrong. Armageddon must wait. But so too must Utopia.

TT.

아프리카 비관론은 이러한 생각에 반대한다. 그들은 아프리카의 오지가 북미대륙의 끝을 집어 삼킬 것이라는 필연적 결론을 주장했다. 새로운 남아프리카(역주: 인종 차별이 없어진 새로운 남아프리카 공화국)에서의 일 년은 두 이론이 모두 잘못되었다는 것을 증명했다. 아마겟돈(역주: 세계의 종말에 선과 악이 싸우는 대 결전장)은 기다려야 한다. 그러나 유토피아(역주: 현실적으로는 아무데도 존재하지 않는 이상의 나라, 또는 이상향)도 마찬가지이다.

ST.

Contrary to optimist faith, there is no such thing as an instant democracy. Free elections and a noble constitution do help, but first and foremost a democracy needs democrats. And those are in short supply in South Africa. While the President is a paragon of tolerance and reconciliation, the bulk of the African National Congress caucus is ideologically closer to Winnie than to Nelson Mandela.

TT.

낙관론자들에게는 미안하지만, 어떤 민주주의도 그렇게 빠르게 이루어질 수 없다. 자유선거와 훌륭한 헌법이 도움은 될 수 있겠지만, 민주주의 국가는 다른 무엇보다도 민주주의자를 필요로 한다. 그리고 남아프리카는 민주주의자들이 부족하다. 대통령이 관용과 화해의 귀감임에도 불구하고, 대부분의 아프리카 민족회의[1] 간부들은 이념적으로 넬슨 만델라[2] 보다는 위니[3]에 가깝다.

---

1. 이하 ANC로 지칭함. 1912년 아프리카인 도시 지식층을 중심으로 결성된 남아공의 민족 운동 조직.
2. 남아프리카에서 평등 선거 실시 후 뽑힌 최초의 대통령. 대통령으로 당선되기 전에는 ANC의 지도자로서 반 아파르트헤이트운동을 지도함.
3. 넬슨 만델라의 전부인인 위니 만델라. 남아프리카 정치인으로 활동하고 있으며 ANC에도 영향력을 가짐.

ST.

When she told Parliament that her conviction for kidnapping a 14-year-old (who was later murdered) had been handed down by a "white apartheid court," she received tumultuous applause. This kindredness of spirit does not mean that many A.N.C. M.P.s will throw their lot in with the recently sacked Deputy Minister; unity is the first principle of any liberation movement. But it does suggest that militancy has many followers among the country's new parliamentarians.

TT.

위니는 국회에 백인으로 구성된 인종차별적 법정이 자신에게 유괴 사건(14세 소년인 스톰피 사이파이가 유괴된 후 살인된 사건)에 대해 유죄판결을 내렸다고 말했을 때, 엄청난 박수갈채를 받았다. 해방운동의 첫 번째 원칙이 단일임에도 불구하고, 이러한 정신은 많은 ANC 하원 의원들이 최근 해고된 상급 공무원들과 함께 운명을 같이 할 것이라는 것을 의미하지는 않는다. 그러나 그것은 새로운 의회에 교전상태의 추종자가 많다는 것을 보여준다.

ST.

Apart from a culture of tolerance, the South African variety of democracy also lacks the competitive element. As the organization that brought down the apartheid regime, the A.N.C. is safely ensconced in power for the foreseeable future. There is a little bit of Mexico's aptly named Institutional Revolutionary Party in every liberation movement turned government. Judging from African experiences, the aura of liberation has a shelf life of roughly one generation. Once the movement is no longer seen as liberator from the colonial yoke but as purveyor of misery, the roles of government and opposition become interchangeable.

TT.

관용의 문화를 제외하고도, 남아프리카의 무지개 민주주의는 경쟁적인 요소가 부족하다. 아파르트헤이트 정권을 붕괴시킴으로써, ANC는 가까운 장래에 정권을 잡아 무사히 안치된다. 정부에 등을 돌린 모든 해방 운동 단체 안에는 멕시코의 잘 이름붙인 제도혁명당의 일부분이 있다. 아프리카의 경험으로 판단 해 보건데, 해방의 분위기는 약 1세대라는 유통기한이 있다. 일단 그 운동기구가 더 이상 식민지의 굴레를 벗어나려고 하는 해방자가 아닌 불행의 공급자가 된다면 정부와 저항단체의 역할은 교체될 수 있다.

ST.

For the time being, however, the A.N.C. has no contender, regardless of its policy. This is just as well for the government since much of its commendable rhetoric hasn't been translated into deeds. The typical hands-off President, Mandela hovers somewhat above day-to-day politics. As First Deputy President, Thabo Mbeki is supposed to be the link between Mandela and the Cabinet. A miniature Mandela himself, Mbeki has so far been the missing link. Many portfolios that should have provided blacks with some tangible results of change have performed poorly. Education and Health are run like second-year sociology seminars, full of fantasies about the future but short on workable strategies.

TT.

그러나 당분간은 어떤 정책을 내세우든지 ANC에게 경쟁자는 없다. 오히려 정부 입장에서는 훌륭한 연설들이 실천되지 않는 것이 다행스러운 일이다. 전형적인 자유방임주의 대통령인 만델라는 하루살이 식 정책들 사이에서 방황한다. 첫 번째 부통령으로써, 타보 음베키는 만델라와 내각 사이를 연결하는 역할을 하려고 했다. 만델라의 축소판인 음베키는 지금까지 잃어버린 연결고리이다. 명백한 변화의 결과로써 흑인들에게 제공해야 하는 많은 포트폴리오는 형편없게 수행되었다. 교육과 복지에 관한 부분은 미래에 대한 환상으로 가득하지만 실질적인 전략이 부족한 하반기 전문가 회의처럼 운영되었다.

(2) "Sleeping with the Enemy"

ST.

One of the most revealing moments in Norman Sherry's massive, ongoing biography of Graham Greene (with the second volume just published, he has now devoted 1,352 pages to Greene's first 51 years) comes at the very beginning, when Greene charges Sherry with compiling a list of his, the novelist's, enemies. Every man has enemies, Sherry replies. By the time the night is over, Greene has composed, with the help of his brother Hugh, his own extensive list of his lifetime's opponents and handed it to his biographer.

TT.

노르만 셰리가 쓴 많은 책 중 가장 유명한 것은 그레이엄 그린이 셰리에게 명단의 편집을 부탁한 그레이엄 그린의 전기(두 번째 책을 막 출판하고 그린의 51세 되던 해 초기를 1352페이지에 심혈을 기울이고 있을 때)이다. 모든 사람들은 적들이 있다고, 셰리는 썼다. 날이 밝아져 올 무렵에, 동생 휴 그린의 도움을 받아 그가 가진 많은 반대자들의 명단을 작성하고 셰리에게 넘겨주었다.

ST.

That might be said to be the paradoxical trademark of Graham Greene: that he rarely gave himself the benefit of his unending doubt, and that he invariably gave the men he was supposed to hate his best lines. He saw the folly, and the frailty, of everyone around him. Thus adulterers come to feel compassion for the husbands they're cuckolding; victims see the human side of their criminal tormentors; Fowler in *The Quiet American* comes to mourn the death of his rival in love and opponent in politics (schaden-freude in reverse, you could say). Even when he was writing wartime propaganda for the British government, Greene described an Englishman's shooting of a German lieutenant — and then finding in the dead man's pocket a picture of his baby.

TT.

그 행동은 뒤의 설명에 나오듯 그레이엄 그린의 역설적인 특성이라 불린다. 그의 역설적 행동은 그의 작품을 싫어한다고 생각되는 사람들에게 보여주었지만 그의 작품을 좋아하는 사람들에게는 거의 보여주지 않았다. 그는 어리석은 자들, 의지가 없는 자들을 그의 주변에서 보았다. 예를 들어 간통을 저지른 남자들은 유부녀와 바람을 피우는 남편에 대해 동정을 느낀다. 피해자들은 범죄를 저질러 고통을 준 사람들에 대한 인간적인 모습을 보기 때문이다. 『조용한 미국인』[1]에 나오는 파울러는 그의 연적과 정치적 반대자의 죽음에 애도한다.(남의 불행에 대해 갖는 쾌감의 반대어로 말할 수 있다.) 심지어 그가 영국 정부를 위한 전시 선전을 쓸 때도, 그린은 독일 중령에게 총격을 가한 뒤 죽은 중령의 주머니에서 아기 사진을 발견했다고 서술했다.

ST.

That issue is one of the hardest struggles in every serious life, and

---

1. 그레이엄 그린이 쓴 소설로, 50년대 인도차이나 전쟁에 끼어든 미국인을 다룬 작품.

one that faces us daily in the office, the bedroom, even the income tax form we sign: What to do with the person who opposes us? We know, more or less, how to deal with our friends, but what to do with those who tempt us to awaken the devil in ourselves (a far more pernicious temptation than any external devil affords)? Many religions counsel us to forgive those who trespass against us and to extend charity even to the Jeffrey Dahmers of the world; Buddhists actually argue that our enemies are our best friends because they challenge us to transcend ourselves. Yet still the debate between mercy and justice is as unending as the one between duty and love.

TT.

이런 상황은 각각의 모든 삶에서 가장 힘든 노력 중 하나이고 매일 사무실에서, 침실에서, 심지어는 소득세 용지에서 마주치는 일 중 하나이다. 나와 반대되는 사람을 어떻게 상대할 것인가? 우리는 친구들을 어떻게 상대해야 하는지 알지만 우리 안에 있는 악을 깨우라고 부추기는 사람들은 어떻게 상대할 것인가?(어떠한 외부의 악보다 더욱 사악한 유혹) 많은 종교들은 우리에게 잘못을 한 사람을 용서하고 심지어는 제프리 다머(역주: 연쇄 살인자, 1970-1980년대에 17명 정도의 남자 아이들을 성추행한 후 토막으로 살인해 많은 죄목들로 936년 종신형을 선고받음) 같은 사람들에게조차 자선을 베풀라고 조언한다. 불교 신자들은 적들로 하여금 우리가 스스로를 뛰어 넘을 수 있도록 하기 때문에 동지라고 주장한다. 하지만 여전히 자비와 정의 사이의 논쟁은 의무와 사랑 사이의 것과 같이 끝이 없다.

ST.

If all Greene's novels are essays on fallenness (and self-accusations), they are also, by the same token, arguments against the whole notion of enmity, or reminders, at least, that our enemies are no less vulnerable and right in their own minds than ourselves. With his famous taste for ambiguity, and refusal to see things in black and white (except in his condemnation of any institution that would treat humans as tokens, statistics or pawns), Greene made it his lifework to understand every position: one of his plays is even called *Yes or No*.

TT.

만약 그린의 모든 작품들이 몰락과 자책의 글이라면, 같은 이유로, 그것들은 적의 모든 생각에 대항하는 논쟁들, 아니면 적어도 우리들만의 마음속에서 적들은 우리만큼 더 연약하고 더 옳다는 일깨움이다. 사람들을 징표, 통계, 담보물로서만 대하는 기관에 대한 그의 비난을 제외하고, 애매모호한 흑백논리로 사물을 보길 거부하는 그만의 감각으로, 그린은 모든 입장을 이해하는 것을 필생의 과제로 삼았다. 그의 작품 중 하나는 심지어 『찬반』으로 불린다.

ST.

And as a headmaster's son, he was a lifelong connoisseur of divided loyalties, knowing that for every commitment you honor, you betray another. As he put it in *The Power and the Glory*, "When you visualized a man or a woman carefully, you could always begin to feel pity … When you saw the corners of the eyes, the shape of the mouth, how the hair grew, it was impossible to hate. Hate was just a failure of imagination."

TT.

교장선생님의 아들로서, 그는 평생 어느 쪽을 선택할 지 망설였다. "네가 사람에 대해 깊이 상상할 때, 너는 항상 연민을 느낄 것이다. 눈가가, 입모양이, 머리카락이 어떻게 자라는지를 봤을 때, 미워하는 것은 불가능하다. 미움은 단지 상상의 실패였다." 라고 『권력과 영광』에 서술한 것과 같이.

ST.

To many, that kind of sympathy with the enemy could seem the worst kind of two-facedness or moral relativism: not so much turning the other cheek as sheer turncoatism. And by trying to see both sides of every argument, Greene contrived to make enemies on both sides of every fence: Catholics and agnostics, McCarthyites and communists, all found his conviction wanting. A would-be Christian who admits to putting people before principles gets accused of sentimentality by skeptics and of hypocrisy by believers. Those issues found their focus in Greene's unshakable loyalty to his old boss in British intelligence, the Soviet double agent Kim Philby: Which of us, he wrote, in introducing Philby's memoirs, has not betrayed something even more important to us than country?

TT.

적에게 이러한 종류의 동정은 위선이나 도덕적 상대주의의 최악의 모습으로, 완전한 변절주의라기보다는 관대한 용서로 보일 수 있다. 그리고 모든 토론의 양면을 보려는 시도로써, 그린은 모든 토론경계의 서로 다른 의견 사이에서 적들을 만들었다. 천주교인들과 불가지론자, 메카시즘과 공산주의자들, 모두 그의 의견을 원하는 것이었다. 신조를 행하기 전에 사람들을 끌어들인 것을 인정하는 자칭 기독교인들은 무신론자의 감상성과 신자들의 위선으로 비난받았다. 이 논쟁들은 그의 오래된 상관인 영국 이중스파이 킴 필비에 대한 그린의 확고부동한 충성심에 초점을 두었다. 그는 '우리에게 나라보다 더 중요한 것을 누설한 사람은 우리 중 누구인가?'라고 물으며 썼다.

ST.

Yet it could be said that Greene was never a truer Christian than when forgiving even his un-Christian enemies. This is not to whitewash a self-styled scapegrace who had so many treacheries and transgressions to confess (though it is to give him credit for confessing so openly to them). If he could be unusually tender toward his enemies, he could be unnaturally negligent of his loves. In his championing of the voiceless, the forgotten, the oppressed, he could conceive irrational and implacable prejudices against those he regarded as Established (Noel Coward, say). And sometimes, by his own admission, he could do the right thing for the wrong reasons, refusing to be straight with someone because he lacked the nerve.

TT.

하지만 그가 심지어 그의 기독교도답지 않은 적들을 용서할 때 보다 그린이 더 진정한 기독교인 적이 없었다는 것을 들어봤을 것이다. 많은 배반과 범죄를 자백하는 자칭 망나니를 눈가림하려는 것이 아니다. (그들에게 그렇게 공개적으로 고백하는 것이 그에게 명성을 얻는 것이 아님에도) 그가 그의 적들에게 신경을 썼다면, 이상하게도 그의 동지들에게 소홀 했었을 것이다. 침묵하는 자들, 게으른 자들, 억압당하는 자들에 대한 그의 옹호에서, 그는 국교를 믿는다고 생각한 사람들에 반대해 비이성적이고 확고한 편견을 가질 수 있었다.(노엘 카워드가 말했다.) 때로, 그는 용기가 부족해서 솔직하기를 거부하면서, 그 자신만의 인정에 의해, 그는 나쁜 이유로 올바른 것을 했다.

7장 소설 번역

1. 소설 번역 점검

소설 번역에서 번역자는 원저자의 의도를 최대한 반영하는 것을 목표로 한다. 그러나 이것은 그리 쉬운 일이 아니다. 출발텍스트인 소설이 써진 장소가 도착언어권과는 전혀 다른 곳일 수도 있다. 또 도착텍스트가 출판될 시기가 출발텍스트의 출판시기와 너무 동떨어져 있어서, 소설 속의 문화적 상황이 이미 화석화되었을 수도 있다. 출발텍스트에서 나온 어휘의 의미가 도착텍스트로 출판할 무렵에는 상당히 달라졌을 수도 있다. 번역자는 이런 여러 장애 요소들을 최대한 극복하고 원저자의 의도를 정확히 파악하기 위해서, 원문이 써진 장소, 시대, 문화, 언어에 대한 지식에 숙달해야 한다. 번역자는 원문에 대한 충실한 이해를 한 후에 번역문이 원문과 똑같은 효과를 거둘 수 있도록 도착언어로 재현해내는 능력도 갖추어야 한다. 결론적으로 말하면, 번역소설은 원작 소설의 장르, 분위기, 문체, 어투까지 다 살려서 원문의 예술성을 번역문에서도 살려낼 수 있어야 한다.

출발텍스트가 하드보일드 문체(hard-boiled style)를 사용한 어니스트 헤밍웨이(Ernest Hemingway)의 소설, 『무기여 잘 있거라』(*A Farewell to Arms*, 1929)라면 번역소설도 짧고 간결하고 건조한 문장으로 재현되어야 한다. 장황하고 긴 문장으로 유명한 콜롬비아의 소설가 가브리엘 가르시아 마르케스(Gabriel García Márquez)의 『백 년 동안의 고독』(*Cien Años de Soledad*, 1967)을 번역한다면 번역소설도 장황하고 긴 문체를 써서 그 효과를 전달해야 한다. 또 번역만으로 번역문 독자의 이해를 제대로 얻어낼 수 없는 경우에는 적절한 역주를 달아줄 필요가 있다.

한국에서는 번역의 성과를 그리 인정해주지 않는 풍토이다. 대중적으로 많이 팔리지 않는 고전 작품을 번역하기 위해서는 많은 시간과 노력이 소요되는데, 대개 대학에 재직하는 전공자들이 시간과 노력을 들이기에는 그 업적에 대한 평가가 너무 박하다. 빨라야 2, 3년이 걸려야 완성되는 번역물이 논문 한 편의 업적과 같이 취급되기 때문에 연구에 바쁜 전공자들이 번역에 몰두하기 힘들다. 그래서 시중에는 영어로 된 원문을 일본어로 번역한 것을 다시 한국어로 번역한 중역본, 혹은 불성실한 번역본, 짜깁기한 번역본이 많은 것이 현실이다. 필자도 번역소설 점검 프로젝트에서 고전소설에 대한 번역 상황을 점검하면서, 우리가 읽는 많은 번역소설들이 여전히 일본어역의 중역이었고 오역이 많다는 것을 실감했었다. 그나마 요즘은 여러 출판사에서 지원을 해서 소설 전공자들이 영어소설을 한국어로 충실하게 번역한 새로운 판본이 많이 출판되고 있다는 반가운 소식이 들린다. 다음은 소설 번역에서 잘못된 부분을 살펴 보면서 올바른 번역을 도모해 보자.

1) 올더스 헉슬리(Aldous Huxley)의 『멋진 신세계』 (*Brave New World,* 1932)

안정효가 번역한 『멋진 신세계』는 다른 번역자의 번역본에 비해서 상당히 공들인 정확한 번역이다. 그러나 그 중에도 오역이 발견된다. 다음 원문과 번역문을 비교해보자.

ST.

Between the Hog's Back and Hindhead there were points where the two lines were not more than six or seven kilometres apart.

TT.

'돼지'(풀이: 영국 본토의 모양은 돼지가 앉은 옆모습처럼 생겼음)의 '잔등'과 '뒤통수' 사이에는 두 항공로가 6,7 킬로미터밖에 안 떨어진 지점들이 있었다.

안정효는 여기서 돼지가 무엇인지를 설명하는 역주까지 달았지만 이 번역은 여전히 이해가 가지 않는다. 사실 이 번역은 지명의 의미를 번역하여 오류를 일으켰다. "Hog's Back"과 "Hindhead"는 지명으로 고유명사이므로 그냥 음가대로 번역하여 "혹스백," "하인드헤드"로 번역하는 것이 더 나았다. 안정효가 친절하게 단 역주는 부정확한 정보를 전달한다. 혹스백은 서쪽으로는 서리(Surrey) 지방의 팬햄(Farnham), 동쪽으로는 길포드(Guildford) 사이에 있는 노스다운즈(the North Downs, 북구릉지) 일부를 가리킨다. 이 곳은 구릉지의 주 부분에 비해 좁고 길게 늘어진 산 능선을 이루고 있어 이런 이름이 붙은 것이다. 하인드헤드는 서리 지방의, 길포드에서 남서쪽으로 11마일 쯤 떨어진 곳에 있는 마을을 가리킨다.

2) 윌리엄 골딩(William Golding)의 『파리 대왕』 (*Lord of the Flies,* 1954)

윌리엄 골딩의 『파리 대왕』은 한국에서도 상당히 인기가 있어서 여러 번역자의 번역본이 시중에 출판되어 있다. 한 유명 출판사에서도 원문에 충실한 새로운 번역을 기치로 내세우면서 영문학 전공자인 저명한 교수의 번역으로 번역소설을 출간했다. 그런데 이 번역본에서도 시중에 나온 대부분의 번역본이 범하고 있는 똑같은 오류가 되풀이되고 있어서 실망을 금할 수 없었다.

『파리 대왕』은 영국에서 핵전쟁이 일어난 상황을 배경으로 한다. 많은 소년들을 안전한 곳으로 데려가던 비행기가 추락하면서 무인도에 떨어져서 살아가게 되는 소년들의 이야기를 다룬다. 소설의 맨 첫 장면에서 랠프(Ralph)라는 소년이 나타나고 곧이어 피기(Piggy)라는 소년이 나타나서 두 사람이 만나는 장면에 대한 묘사를 살펴보자.

ST.

He[Piggy] took off his glasses and held them out to Ralph, blinking and smiling, and then started to wipe them against his grubby windbreaker. An expression of pain and inward concentration altered the pale contours of his face. He smeared the sweat from his cheeks and quickly adjusted the spectacles on his nose.

"Them fruit."

He glanced round the scar.

"Them fruit." he said. "I expect—"

He put on his glasses, waded away from Ralph, and crouched

down among the tangled foliage.

"I'll be out again in just a minute—"

……

The fat boy lowered himself over the terrace and sat down carefully, using the edge as a seat.

"I'm sorry I been such a time. Them fruit—"….

TT.

그[피기]는 안경을 벗어서 랠프에게 내보이고 눈을 껌벅이며 미소지어 보였다. 그러고는 그의 지저분한 재킷에다 대고 안경알을 닦기 시작하였다. 고통과 정신 집중의 표정이 그의 얼굴에 나타나 파리한 윤곽이 딴 사람처럼 보였다. 그는 볼의 땀을 문지르고 재빨리 안경을 코 위에 맞추었다.

"저 열매 좀 봐."

그는 흉터 자국 둘레를 힐끗 쳐다보았다.

"저 열매. 나는…. "하고 그는 말하였다.

그는 안경을 끼고 랠프에게서 떠나 헝클어진 나뭇잎 사이로 몸을 구부렸다.

"내 곧 다시 나갈게…"

(중략)

뚱뚱한 소년은 대지에서 내려 그 끝에 조심스럽게 자리잡고 앉았다.

"너무 오래 있어서 미안해. 그 열매 때문에…"

여기서 비행기가 모래 위에 떨어져 남긴 흔적을 "흉터"라고 번역한 것은 어색하다. 또 어떻게 "대지에서 내려 그 끝에 조심스럽게 자리잡고 앉"을 수가 있을까? 사실은 소년은 다소 큰 바위에 올라가 걸터앉은 것이다. 영어 "scar"와 "terrace"를 적절하게 번역하지 못해서 생긴 부정확한 번역이다.

가장 문제가 되는 것은 "fruit"에 대한 번역이다. "Them fruit"를 "저 열매 좀 봐."로 번역한 것은 문맥을 전혀 이해하지 못하고 있는 명백한 오역이다. 이것을 제대로 이해하지 못했기 때문에 번역자는 "fruit"

에 대한 이후의 번역도 모호하게 처리한다. 처음에는 "열매를 보라." 고 하더니, 마지막에는 "그 열매 때문에."라고 번역하는 것이다. 도대체 열매가 어쨌다는 걸까? 이 부분에서 영어가 특별히 어렵기 때문에 잘못된 번역을 한 것이라고 볼 수는 없다. 번역자는 소설 속의 상황을 이해하려는 노력을 하지 않았기 때문에 잘못을 범하고 있다. 원문에 대한 성실성의 부족이라고 하겠다.

여기서 우리의 상상력이 필요하다. 피기는 왜 갑자기 고통스러운 듯이 인상을 썼을까? 왜 과일 얘기를 하는 것일까? 왜 비행기가 추락하면서 땅을 긁어 낸 "흉터" 자국을 보는 것일까? 왜 나뭇잎 사이로 몸을 구부렸을까? 왜 곧 다시 나간다고 하는 것일까? 왜 열매 때문에 오래 있었다고 하는 것일까? 번역문이 이런 질문에 대한 대답을 제대로 해 줄 수 있을 때 올바른 번역이라고 할 수 있다.

피기의 첫 번째 발언은 "열매를 보라."는 것이 아니라, "그놈의 과일 때문에."라는 뜻이다. 피기는 무인도에 도착하자마자 열대 과일을 따 먹었다. 과일이 설익었기 때문인지 아니면 새로운 과일이라 적응이 안 되었기 때문인지 모르겠지만, 어쨌든 배가 아프면서 설사기를 느꼈기 때문에 참느라고 인상을 쓴 것이다. 피기가 주위를 둘러본 것은 용변을 볼 적당한 자리를 찾기 위해서였다. 그러므로, "waded away from Ralph, and crouched down among the tangled foliage."은 "랠프에게서 떠나 헝클어진 나뭇잎 사이로 몸을 구부렸다."가 아니라, "랠프로부터 멀리 떨어진 곳으로 가더니 엉킨 나뭇잎들 사이에 쭈그리고 앉았다."로 번역해야 한다. 또한 "I expect⋯"는 "급해서⋯," 혹은 더 구체적으로, "설사가 나오려고 해서⋯"로 번역하는 것이 의미를 더 명확하게 전달해 줄 것이다.

3) 제인 오스틴(Jane Austen)의 『오만과 편견』 (*Pride and Prejudice,* 1813)

번역문을 출판하는 시기가 원문이 출판된 시기와 상당히 멀어질 경우에는 원문에 나온 문화적 상황을 번역자가 정확하게 이해해야만 제대로 된 번역을 할 수 있다. 제인 오스틴의 소설은 지금으로부터 200여 년 전에 출판되었기 때문에, 숙련된 영어 실력을 가진 번역자라도 문화적인 오독을 하여, 결과적으로 오역을 할 가능성이 많다. 올바른 번역을 하기 위해서는 그 시대의 문화와 그 문화를 담고 있는 어휘를 잘 이해해야 한다.

『오만과 편견』에는 여러 저택의 이름이 등장하는 것을 볼 수 있다. 당시 큰 저택들은 대체로 고유의 이름을 가지고 있었다. 하지만 주인공인 엘리자베스(Elizabeth)의 아버지인 베네트 씨(Mr. Bennet)는 자신의 저택이 그리 큰 규모가 아니므로 구태여 이름을 붙이지 않았다. 반면 베네트 씨보다 더 자산이 적은 루카스 경(Sir Lucas)은 자신의 작은 저택에 루카스 롯지(Lucas Lodge)라고 이름을 붙였다. 그는 원래 상업에 종사하다가 당시의 왕에게 작은 봉사를 한 덕분에 훈작사(Knight—자손에게 계승되지 않는 평생 귀족 작위) 작위를 받았고 이를 몹시 자랑스럽게 여겨서 상업을 그만 두고 시골에 저택을 사서 정착을 한 사람이다. 이런 행동이나 자신의 저택에 이름을 붙인 것으로 볼 때 그의 지나친 자부심과 허영심을 짐작할 수 있다.

남자 주인공 중 한 사람인 빙리(Bingley)가 임대한 저택은 "Netherfield Park"인데 이것을 "네더필드 공원"이라고 번역하는 것은 잘못이다. 당시 큰 저택의 전원적인 매력을 강조하기 위해서 "Park"를 곧잘 붙였기 때문이지 그것이 공공의 정원이라는 의미는 아니기 때문이다. 그러므로 "네더필드 파크"라고 번역하는 것이 적절하다. 이렇게 시골의 대저택에 사는 작중 인물들은 "town"에 자주 간다. 이때 "town"은 일반 도시가 아니라 '런던'을 가리킨다. 서울시에 사는 사람이 명동에 가면서 '시내'에 간다고 말하는 것이나 마찬가지이다.

호칭을 사용하는 관례도 제대로 알고 있어야 올바른 번역이 가능하다. 예를 들면 18세기 영국 소설가인 다니엘 더포(Daniel Defoe)의 『몰 플랜더즈』(*Moll Flanders*, 1722)에서 주인공인 몰 플랜더즈는 부잣집의 하녀로 일한다. 그녀의 주인은 그녀의 원래 이름과는 상관없이 그녀를 미시즈 베티(Mrs. Betty)라고 부른다. 당시는 하녀들의 실제 이름이 무엇이든 상관없이 주인들은 하녀를 베티라고 불렀고, 결혼 안한 아가씨에게도 미시즈라는 호칭을 썼다는 문화를 모른다면 이 부분을 제대로 이해할 수 없을 것이고 결과적으로 오역으로 이어질 수 있다.

그와 마찬가지로, 제인 오스틴의 소설을 번역할 때도 호칭에 대한 정확한 이해가 필요하다. 사회적으로 같은 위치이면 반드시 "Mr., Miss, Mrs.," 등의 경칭을 붙여야 한다. 『오만과 편견』에서 "Miss Bennet"라고 하면 당시의 관례로는 장녀인 제인(Jane)을 말한다. 크게 혼동되지 않는 경우라면 대개 장녀에 한해서만 성으로 부르는 것이다. 나머지 딸들은 대개 "미스 엘리자베스 베네트" 같이 이름과 성을 함께 부른다. 그냥 엘리자베스라고만 하면 무례하게 들릴 수 있다.

그러나 상황에 따라 호칭은 조금씩 융통성있게 사용된다. 소설 초반에 빙리가 엘리자베스와 대화를 하면서 엘리자베스를 "미스 베네트"라고 지칭한다. 당시 제인이 바로 옆에 없었기 때문에 제인과 혼동될 여지가 없어서 "미스 베네트"라고 부른 것이다. 또 아직은 엘리자베스와 초면인 빙리가 그녀를 면전에 두고 "미스 엘리자베스 베네트"라고 지칭하면 너무 친밀하게 구는 것이므로 예의가 없다고 여겨질 수 있다. 그러므로 빙리가 엘리자베스를 "미스 베네트"라고 부른 것은 적절한 예법을 지킨 것이다.

그런데 미스 빙리는 아직 엘리자베스와 친하지 않은 상황인데도 엘리자베스를 "미스 일라이자 베네트"(Miss Eliza Bennet)라고 부른다. "엘리자베스"의 줄임형인 "일라이자"는 아주 가까운 사이에만 쓸 수 있는 친근한 호칭이므로 빙리 양이 "일라이자"라고 부르는 것은 결례이며, 그것은 엘리자베스를 얕보는 빙리 양의 건방진 태도를 드러내는 것이다. 빙리 양은 나중에 위컴에 관해 이야기하면서 "조지 위컴"(George Wickam)이라고 경칭을 붙이지 않고 지칭한다. 이 역시 위컴이 집사의 아들이라고 무시하는 태도로 빙리 양의 건방진 자세를 드러낸다.

오스틴의 소설을 번역할 때는 아침과 점심, 저녁 식사에 대한 정확한 지식을 가져야 올바른 번역을 할 수 있다. 19세기 초의 영국 젠트리(Gentry) 사회에서 깨어있는 하루는, 지금과 같이 아침(morning), 정오(noon), 오후(afternoon), 저녁(evening), 밤(night)으로 세분되지 않고, 단지 아침과 저녁으로만 구분되었다. 오후라는 말은 거의 언급되지 않았다. 당시의 "morning"은 현재의 우리가 생각하는 개념과는 상당히 달랐다. 아침과 저녁은 "dinner"를 경계로 나누어졌는데 디너는 대체로 오후 4시에서 5시경에 시작되었다. 그러므로 "morning"은 대체로 현재의 오후 4시 정도까지 포함할 정도로 그 범위가 넓었다. 오스틴의 소설에서 "I visited her in the morning."이라는 말은 디너 전에 방문한 것을 의미하므로, "아침에 방문했다."보다는 "오전에 방문했다."고 번역하는 것이 더 적절할 것이다.

그렇다면 당시의 디너는 어떻게 번역할 것인가? 우리는 흔히 디너를 "정찬"으로 번역하는데 크게 틀린 것은 아니지만 정확한 의미를 알 필요가 있다. 19세기 초의 디너는 하루의 가장 중요한 식사로서 불을 이용해서 하는 따뜻한 식사(hot meals)를 포함하는 것이었다.

이런 디너는 보통 4시나 5시에 이루어졌다. 이렇게 디너 시간이 빨랐던 것은 조명용 양초의 비용을 아끼기 위해서였다. 햇빛이 있을 때 요리를 준비하면 양초의 비용을 줄일 수 있으므로 늦은 시간에 식사를 하는 것은 비용을 아끼지 않는다는 표시였다.

디너를 제외한 대부분의 식사는 차가운 음식으로 구성되었다. 아침식사는 대개 10시쯤에 차가운 고기를 포함해 가벼운 것을 먹었다. 점심은 따로 차려서 먹을 정도로 공식적인 식사가 아니었고, 단지 배가 고프면 적당하게 집어 먹었다. 대신 디너 전에 배고픔을 해소할 수 있는 "tea time"이 있었다. "차 시간"에는 단순히 차만 마시는 것이 아니라 과자와 빵을 넉넉히 먹었다.

그 후 디너에서는 불을 이용해서 요리한 따뜻한 정식 요리를 먹었다. 디너가 끝나면 여성들은 대개 거실로 자리를 옮기고, 신사들은 그 자리에 남아서 술을 마시거나 담배를 피우면서 정치나 여러 주제에 대한 대화를 나누었다. 그런 후 신사들도 숙녀들이 있는 방으로 합류했다.

그런데 오스틴이 살던 시절에, 경제적 여유가 있는 런던의 부유층에서 디너 시간을 늦추는 유행이 일기 시작했다. 디너 시간이 늦을수록 자신의 부를 은연중에 과시하는 것이기도 했다. 런던에서 시작된 늦은 디너는 곧 시골의 젠트리 가족에게도 퍼져서 전국적인 유행이

되었다. 런던 물을 먹어서 시골을 깔보는 빙리 양은 네더필드 파크의 살림을 주관하면서 6시 30분에 디너를 준비시키고 있다.

"supper"는 디너를 일찍 먹는 경우, 잠자리에 들기 전에 배가 고플 때 가볍게 먹는, 차가운 음식으로 이루어진 식사였다. "hot supper"는 불을 이용해서 만드는 제대로 된 식사로서 정찬에 가까웠다. 그래서 뜨거운 음식으로 구성된 저녁을 "supper"로 먹는 사람들은 세련되지 못하다고 여겨졌다. 정찬이 점점 늦어지는 유행이 퍼지면서, "supper"는 생략되거나 아니면 아주 가벼운 식사로 대체되었다. 대신, 밤에 무도회가 열리는 경우, 늦게까지 춤추고 놀려면 체력이 필요했으므로, 무도회의 저녁 식사는 보통 때보다 훨씬 더 풍성해졌다.

오스틴 시대의 결혼 과정에 대한 문화적 지식도 번역에서 중요한 역할을 한다. 오스틴의 소설에서 "settlements"는 "결혼"이나 "정착"으로 번역할 수 있다. 그런데 그 내적 의미는 신부 가족과 신랑 가족이 돈에 대한 법적 합의를 하는 것을 가리킨다. 즉 신부가 지참금을 얼마나 가져올 것인지, 신랑은 지참금을 받는 대신 결혼 중에 아내에게 개인 용돈(pin-money)을 얼마나 줄 것인지, 남편이 사망하는 경우 아내가 받을 과부급여상속(jointure)은 얼마나 될 것인지, 자녀에게 돌아갈 상속분(portions)은 얼마인지 등을 결정하는 것이다. 새 마차에 대한 합의도 "settlements"의 일부이다.

다음은 『오만과 편견』의 한 번역본에 나타난 몇 가지 오역을 살펴보자. 소설 초반부에 엘리자베스는 다아시(Darcy)가 자신을 그다지 아름답다고 생각하지 않는 것 때문에 마음이 상한다. 그래서 반발하는 심정으로, 자신은 다아시의 마음에 들고 싶지 않다며, "for he is such a disagreeable man that it would be quite a misfortune to be liked by him."이라고 말한다. 이것을 "정말 기분 나쁘거든. 그런 분이 마음에 든다면."이라고 옮긴 번역문은 그 의미를 제대로 전달하고 있지 못하다.

오스틴은 샬럿 루카스(Charlotte Lucas)의 아버지인 루카스 경(Sir Lucas)에 대한 소개를 한다. 루카스 경은 상인으로 그리 신분이 높지 않았는데 왕에게 작은 기여를 한 덕에 훈작사(Knight) 작위를 받게 되자 우쭐해져서 원래의 상업을 그만 두고 시골에 저택을 사서 이주해서 젠트리의 삶을 즐기고 있다. 이를 언급하면서 오스틴은 "The distinction had perhaps been felt too strongly."라고 표현했다. 이것을 "이러한 우대를 몹시 강하게 느껴서인지"라고 번역한 것은 정확하지 않다. 이때 "distinction"은 우대가 아니라 작위를 받은 것을 의미한다.

베네트 부인은 자신의 딸인 제인이 빙리와 춤을 추게 된 것을 흐뭇하게 여기면서, "You were Mr. Bingley's first choice."라고 한다. 이것을 "빙리 씨의 첫 눈에 띄었지."라고 번역한 것은 정확하지 않다. "네가 빙리 씨의 첫 번 째 파트너였지."라고 번역해야 한다. 이때 파트너들은 한 번에 두 번의 춤을 추게 된다.

다음은 좀 긴 번역을 살펴보자.

ST.

"His **pride**," said Miss Lucas, "does not offend me so much as **pride** often does, because there is an excuse for it. One cannot wonder that so very fine a young man, with family, fortune, everything in his favour, should think highly of himself. If I may so express it, he has a right to be **proud**."

"That is very true," replied Elizabeth, "and I could easily forgive his **pride**, if he had not mortified mine."

TT.

"그분의 자존심은 저에게는 흔히 있는 경우처럼 그렇게 불쾌하지 않더군요. 그 나름의 이유가 있으니까요. 명문 출신으로 재산이 있고, 뭣하나 아쉬울 것이 없는 남자가 자신을 높힌다고 해서 잘못은 없는 거죠. 이렇게 말할 수 있다면, 그 분은 자존심을 가져 마땅하다고 생각해요." 하고 루카스 양이 말하였다.

"정말 그래요. 그 분의 자존심이 저의 자존심을 건드리지만 않으면 쉬 용서해줄 수가 있어요."

이 번역은 크게 잘못된 것은 아니다. 그러나 좀 더 좋은 번역을 위해서는 몇 가지 신경을 써야 한다. 여기서 친구 사이인 샬럿 양과 엘리자베스의 존댓말이 다소 어색하다. "이렇게 말할 수 있다면"은 자연스럽지 않은 우리말이다.

그보다 더 크게 고려할 것은, 원문에서 네 번 등장하는 "pride"를 어떻게 번역할 것인가의 문제이다. 여기서 "pride"는 긍정적인 의미의 "자존심, 자부심, 자긍심"이라는 의미와 부정적인 의미의 "오만함"을 다 포함하고 있는데, 우리말로는 긍정적인 의미의 "자긍심"과 부정적인 의미의 "오만함"이 따로 표현되기 때문에 제대로 번역하기가 쉽지 않다. 앞의 두 "pride"는 부정적인 의미로 "오만함"이 적절하다면 마지막은 "자존심"이나 "자부심"이 적절한데, 그럴 경우 동일한 어휘인 "pride"로 작가가 나타내려고 했던 미묘한 뉘앙스를 번역에서 전달하기 힘들게 된다. 이런 미묘한 차이를 번역에서 어떻게 살펴줄 것인지 논의해 볼 필요가 있다.

4) 찰스 디킨즈(Charles Dickens)의 『올리버 트위스트』 (*Oliver Twist*, 1838)

찰스 디킨즈는 19세기의 유명한 영국 소설가이다. 그의 소설은 독자의 눈물을 흘리게 하는 멜로드라마적인 요소와 다양한 희극적인 요소를 동시에 포함하고 있어 재미를 준다. 그런데 디킨즈의 소설을 번역할 때 멜로드라마적인 요소는 번역하기가 어렵지 않은데, 그의 유머를 표현하는 일은 쉽지 않다. 그 이유는 영국인의 유머의 감성이 한국인과 다르기 때문이라고 볼 수 있다. 더 큰 이유는 디킨즈가 말장난(pun)을 많이 사용하기 때문이다. 말장난이야말로 번역으로 옮기기 힘든 대표적인 대상이다. 이렇게 말장난을 제대로 번역하기 힘들기 때문에 디킨즈 소설의 원문을 읽을 때의 재미를 번역본을 읽을 때는 잘 느낄 수가 없다. 윤혜준이 번역한 『올리버 트위스트』는 디킨즈의 유머와 해학도 맛깔나게 옮긴 아주 잘된 번역이다. 그러나 도저히 옮길 수 없었던 디킨즈의 말장난을 살펴보자.

고아원에서 자라던 올리버는 구빈원으로 이송된다. 그를 데리고 가던 하급관리(beadle) 범블(Bumble)은 구빈원에 도착하면 이사회 위원들(board)에게 공손하게 절을 해야 한다고 올리버에게 시킨다. 그러나 아직 어린 올리버는 "board"를 "널빤지"라는 뜻으로만 알고 있을 뿐, 그것이 "위원회"를 의미한다는 것을 모르고 있다. 그래서 올리버는 당황하다가 결국 널빤지와 비슷한 나무로 된 탁자(table)에게 절을 한다. 이 점이 원문에서는 웃음을 일으키는 요소이나 번역문에서는 도저히 재현하기가 힘들다는 점이 드러난다.

ST.

Oliver had not been within the walls of the workhouse a quarter of an hour, and had scarcely completed the demolition of a second slice of bread, when Mr. Bumble, who had handed him over to the care of an old woman, returned; and, telling him **it was a board night**, informed him that **the board** had said he was to appear before it forthwith.

Not having a very clearly defined notion of what **a live board** was, Oliver was rather astounded by this intelligence, and was not quite certain whether he ought to laugh or cry. He had no time to think about the matter, however; for Mr. Bumble gave him a tap on the head, with his cane, to wake him up: and another on the back to make him lively: and bidding him to follow, conducted him into a large white-washed room, where eight or ten fat gentlemen were sitting round **a table**. At the top of **the table**, seated in an arm-chair rather higher than the rest, was a particularly fat gentleman with a very round, red face.

"**Bow to the board**," said Bumble. Oliver brushed away two or three tears that were lingering in his eyes; and **seeing no board but the table**, fortunately bowed to that.

TT.

올리버가 구빈원 담벼락 안에 들어온 지 15분도 안되었고 두 번째 빵조각을 채 먹어치우지도 못했을 때, 그를 어떤 늙은 여자에게 넘겨주고 나갔다가 돌아온 범블씨는 그날 저녁 이사회가 열린다는 것과 이사님들이 바로 그를 보시려 한다는 통보를 했다.

이사회 소집이 무엇인지에 대해 명확한 개념정의가 없는 올리버로서는 이 통보를 받고 다소 놀라 도대체 웃어야 할지 울어야 할지 망설였다. 그러나 이 문제에 대해 더 생각하고 말고 할 틈이 없었다. 범블씨가 정신차리라고 단장으로 머리를 한 대 내려치고 또 활달하게 만든다고 등을 한 대 내려치고서 따라오라고 한 후, 벽이 하얀 커다란 방으로 그를 데려갔기 때문이다.

> 피둥피둥 살찐 양반들이 여덟에서 열 명쯤 둥근 탁자에 앉아 있고, 탁자 상석에 놓인, 다른 의자보다 좀 높은 안락의자에는 특히 더 피둥피둥하고 달덩이처럼 둥글고 붉은 얼굴의 신사가 앉아 있었다.
> "이사님들께 절을 올려라." 범블이 말했다. 올리버는 눈에 남아있던 눈물 두세 방울을 훔쳐낸 뒤, 이사님이 뭔지는 몰라도 탁자는 분명히 알아보고서, 다행히도 탁자에 절을 했다.

위의 인용을 보면 원문에서는 올리버가 "board"에 들어있는 두 가지 의미, 널빤지와 이사회의 의미를 모르기 때문에 당황하는 것이므로 독자들에게 웃음을 일으킨다. 그러나 번역문에서는 이사회가 뭔지 모르고 탁자에 인사를 하는 올리버는 엉뚱한 아이일 뿐이다. 유머가 전달되지 않는 것이다. 특히 마지막 문장에서 이사님들께 절을 하라고 하는데 올리버가 "이사님이 뭔지는 몰라도 탁자는 분명히 알아보고서" 탁자에 절을 한다는 말은 상식적으로 이해할 수 없는 논리일 뿐이다.

5) 찰스 디킨즈(Charles Dickens)의 『데이비드 커퍼필드』 (*David Copperfield,* 1850)

위의 "board"의 번역의 예에서 살펴본 것처럼, 번역자가 최선을 다해도 제대로 번역할 수 없는 부분은 어쩔 수 없지만, 불행히도 번역자가 무성의하거나 능력이 부족해서 오역을 하는 경우가 적지 않아서 안타까운 일이다. 여기서는 그런 오역의 경우를 살펴보고자 한다.

『데이비드 커퍼필드』는 주인공인 데이비드 커퍼필드가 부모를 잃고 위기에 빠지지만 열심히 노력해서 작가로 성공하는 이야기이다. 이 소설에서 중요한 조연으로 등장해서 깊은 인상을 주는 인물이 유라이어 힙(Uriah Heep)[1]이다. 유라이어는 하층계급 출신으로 자선학교(Charity School)에서 잠시 교육을 받았고, 이후 사무 변호사(solicitor)의 사무실에서 일하면서 신분상승을 하기 위해 노력한다. 유라이어의 아버지는 그에게 항상 "겸손해라."(Be umble.)고 충고했다. 아버지는 하층계급 출신은 윗사람들에게 겸손하게, 다른 말로 하면 비굴하게 굴어야 버림받지 않고 생존할 수 있다고 보았던 것이다. 유라이어는 이 충고에 따라 겸손한 척 했지만 사실은 주인인 변호사를 속이고 사기를 치고 있었다. 이 사실이 밝혀지고 유라이어가 잡혀갈 위기에 처하자 유라이어의 어머니는 "겸손해라."고 충고한다. 그러나 모든 것이 드러난 것을 안 유라이어는 자신이 거짓으로 겸손하게 굴었던 사실도 분해서 절규한다. 이 부분에 대한 A와 B의 번역을 비교해보자.

ST.

"Ury, Ury! Be umble, and make terms, my dear!"…

"Umble!… I've umbled some of 'em for a pretty long time back, umble as I was!"

TT.

A)

"우라이, 우라이! 겸손한 태도로 말씀을 결말짓도록 해라, 얘야!"…

"겸손하라구요!… 나도 겸손했지만, 난 몇몇 그들로 하여금 정말 오랫동안 겸손하게 만들어 놓았었지요!"

---

1) 구약성서에서는 우리아로 번역됨. 다윗왕이 그의 아내 밧세바(Bathsheba)에게 연정을 품어 그를 전쟁터에 보내 죽게 한다.

B)

"우라이! 우라이! 점잖게 해결하도록 해라, 얘야!"…

"점잖게 하라고요!… 훨씬 전부터 그들 가운데 몇몇 사람을 점잖게 굴도록 해놓았지요, 저도 점잖았지만!"

A 번역에서 어머니의 말은 유라이어의 아버지가 의도한 "umble"의 의미와 좀 더 가까운 번역이다. B 번역에서 어머니의 말은 "umble"을 "점잖은"으로 해석하여 의미를 제대로 전달하지 못하고 있다. 어머니가 항상 해오던 충고인, "겸손하게 굴어라."로 번역해야 한다.

유라이어의 말에는 자신이 굽실거리고 산 삶을 조소하면서 동시에, 자기를 얕보던 중산계층의 사람들을 자기 손으로 요리했다는데 자부심을 느끼는 심리가 들어가야 한다. A 번역은 자연스러운 한국어라고 볼 수 없어 가독성이 떨어진다. B 번역은 "점잖게"로 번역하여 원문의 의미를 옮기지 못해서 충실성에 문제가 있다. 유라이어의 말은, "상당히 오랫동안 난 이 자들 가운데 몇몇을 (굴복시켜) 겸손하게 만들었지요. 겸손하고 미천한 존재였던 내가 말예요."라고 번역할 수 있다.

『데이비드 커퍼필드』에서 또다른 조연인 난쟁이 여인 모오처 양(Miss Mowcher)에 대한 묘사를 살펴보자. 그녀는 자신의 신세를 한탄하면서, "What I am, my father was; and my sister is; and my brother is."라고 절규한다. 이것을 A와 B 모두, "지금 저는 무엇이며, 저의 아버지는 무엇이었으며, 제 여동생은 무엇이며, 제 남동생은 무엇입니까?"라고 번역해 놓았다. 이 번역은 원문의 구문을 잘못 파악한 것이다. 그 과정에서 심지어 원문의 마침표로 끝나는 문장부호도 의문부호로 바꾸어 놓았다. "What I am"은 뒤에 나오는 세 문장, 즉 "my father was," "my sister is," "my brother is"의 보어인데 강조하느라고 앞으로 낸 것이다. "아버지도 저처럼 이런 꼴이었고, 남동생도 저와 마찬가지고 여동생도 마찬가지 꼴입니다."로 번역해야 한다.

모오처 양에 대한 좀 긴 예문을 살펴보고 번역의 문제를 논의해보자.

ST.

I might not have been prepared to give the little creature a very kind reception, if, on her removing the umbrella, which her utmost efforts were unable to shut up, she had shown me the 'volatile' expression of face which had made so great an impression on me at our first and last meeting. But her face, as she turned it up to mine, was so earnest; and when I relieved her of the umbrella (which would have been an inconvenient one for the Irish Giant), she wrung her little hands in such an afflicted manner; that I rather inclined towards her.

TT.

A) 미스 모오쳐가 아무리 애써도 문이 닫히지 않으므로, 그녀는 우산을 비켜놓고, [쾌활한] 표정 — 우리가 또 한 번, 유일무이하게 만났을 때 내게 깊은 인상을 준 그 표정 — 을 지어 보였던 것이다. 나는 그 조그만 여인에게 그다지 친절한 환영을 베풀 마음의 준비가 되어 있지 않았던 것 같았다. 그러나 나를 돌아다보는 그녀의 얼굴은 너무도 진지하였으므로 나는 그 우산(아일랜드 거인에게는 불편한 존재였을 그 우산)을 그녀에게 집어주었던 것이다. 그랬더니 그녀는 몹시 괴로운 태도로, 그 조그만 손을 맞잡고 비틀어 대는 것이었다. 그래서 나는 그녀에게 퍽 동정이 갔다.

B) 아무리 애써도 문이 닫히지 않자 그녀는 우산을 옆으로 비켜놓고, 우리가 처음이기도 하고 마지막이기도 했던 그 만남에서 나에게 깊은 인상을 주었던 그 쾌활한 표정을 보여주었다. 그러나 나는 그 조그마한 여인에게 친절하게 대해 줄 생각은 별로 나지 않았다. 그러나 나를 돌아다보는 그녀의 얼굴이 너무도 진지했으므로 나는 그 우산(아일랜드의 거인에게는 불편한 것이었겠지만)을 집어주었더니, 그녀는 몹시 괴로운 태도로 그 조그만 손을 비

벼 대는 것이었다. 그래서 나는 어쩐지 그녀가 가엾게 느껴졌다.

A 번역은 긴 문장을 적당히 자르고, 한국어에는 어색한 대쉬(—)를 사용하고, 문장의 순서도 바꾸어 표현하여, 읽기에 어색할 뿐 아니라 군데군데 오역이 섞여 있다. 모오처 양이 "닫지" 못하는 것은 문이 아니라 우산이다. 또 모오처 양은 쾌활한 표정을 "지어보였던 것"이 아니라 그 반대로 "진지"한 표정을 지어보였다. "거인에게는"는 "거인에게도"로 번역되어야 하며, "우산을 집어주었던" 것이 아니라 "접어주었던" 것이다.

B 번역은 A 번역에 비해 읽기에는 다소 자연스러운 문장이 되었지만, 핵심적인 부분에서는 A 번역과 똑같이, "문이 닫히지 않자," "쾌활한 표정을 보여주었다," "거인에게는," "집어주었더니" 등의 오류를 범하고 있다. 이 번역은 다음과 같이 수정되어야 할 것이다.

> 모오처 양은 아무리 애를 써도 우산을 접을 수 없었는데, 그녀가 우산을 옆으로 치우면서 우리의 지난 번의 처음 만남에서 강렬한 인상을 주었던 그 '쾌활한' 미소를 지어보였다면 아마도 나는 이 작은 여인을 반갑게 맞을 준비가 되지 않았을 것이다. 그러나 나를 돌아다보는 그녀의 얼굴이 너무나 진지했고, 또 내가 그녀의 (아일랜드의 거인에게도 불편했을 만한) 우산을 접어주었을 때 그녀가 몹시 괴로운 태도로 그 작은 손을 비틀고 있었으므로, 그녀를 맞이해 줄 마음이 조금은 생겨났다.

6) 찰스 디킨즈의 『위대한 유산』(*Great Expectations,* 1861)

찰스 디킨즈의 『위대한 유산』은 대학교의 영문과 수업에서 매우 선호되는 작품이라서 학생들이 번역본을 많이 읽는 편이다. 그러나 번역점검 프로젝트를 통해서 살펴본 바로는 기존의 번역은 오류 투성이였다. 다행히 최근 디킨즈 전공자인 이인규 교수가 새로운 번역을 펴내었으므로 많은 오류가 개선되었을 것으로 기대한다. 다음은 이전에 나온 A 번역본을 살펴보면서 번역의 문제를 지적하고자 한다.

2장에서 저녁 식탁에 앉은 주인공 핍은 늪에서 만났던 죄수 맥위치(Magwitch)에게 가져다주기 위해서 자신의 저녁 식사인 빵 덩어리를 누나인 조 부인(Mrs. Jo)이 모르게 황급하게 바지 가랑이에 숨긴다. 핍의 접시에 있던 빵 덩어리가 순식간에 사라지자 매형인 조 가저리(Jo Gargery)는 핍이 그 큰 덩어리를 한꺼번에 삼켜 버렸다고 생각한다. 조는 걱정이 되어서 핍에게, "it's a mercy you ain't Bolted dead."라고 한다. 이것이 "네가 빗장에 죄어 죽지 않은 것이 천만다행이다."라고 번역되어 있다. "Bolt"라는 단어를 무심코 나사라고 연상하고 번역해 버린 것이다. 그러나 이때 "bolt"는 음식을 급하게 삼킨다는 의미이다. 따라서, 그렇게 큰 덩어리를 삼켰는데 빵덩어리가 "목에 걸려 죽지 않은 게 천만다행이다."라는 의미이다. 핍이 식탁에서 빵을 숨기려고 전전긍긍하는 상황을 고려하기만 했어도, 또 식탁에서 갑자기 빗장에 죄어 죽는다는 발상이 터무니없다는 상식이 있었다면, 사전을 찾아서 올바른 의미를 확인하고 제대로 번역할 수 있었을 것이다. 단어의 다양한 의미를 고려하지 않았기 때문에 오역을 한 것이다.

문장의 맥락을 고려하지 않아서 오역을 하는 경우도 있다. 핍이 누나의 부엌에서 음식을 훔치는 장면에서, "I was very much alarmed, by a hare hanging up by the heels, whom I rather thought I caught when my back was half turned, winking"이라는 묘사가 나온다. 여기서 "I rather thought I caught"가 "내가 잡은 토끼라는 생각이 났다"라고 번

역되어 있다. 그러나 이것은 음식을 훔치던 핍이 죄의식 때문에, 부엌에 거꾸로 매달려있던 죽은 토끼가 자기를 보고 눈을 깜빡거리는 것을 봤다고 착각하면서 놀랐다는 의미이다.

문화적인 이해가 부족해서 생긴 오역도 눈에 띈다. 핍의 신사교육을 담당한 선생인 포킷 씨(Mr. Pocket)의 부인은 친정의 가문이 훌륭하다는 자랑만 할 뿐 아내로서, 또 어머니로서는 완전히 무능한 여인이다. 이 포킷 부인이 자신의 아이들을 돌보는 장면에서 그녀가, "taught the young idea how to shoot"라는 표현이 나온다. 이것이 부인이, "어린애에게 총 쏘는 법을 가르쳐 준다"라고 번역되어 있다. 그러나 아무리 무능하고 엉뚱한 부인이라도 아이들에게 총 쏘는 법을 가르쳐 준다고 디킨즈가 묘사했을 것 같지는 않다. 그런데 이 부분은 영어권 독자에게도 다소 설명이 필요했던 것인지 펭귄판의 주석에 설명이 첨부되어 있다. 그러므로 번역자가 이 주석을 보는 성의만 있었더라도 오역을 하지 않았을 것이다. 여기서 "shoot"는 총과 전혀 관계가 없는 표현이다. 이 표현은 제임스 톰슨(James Thomson)의 시, 『사계』(*The Seasons,* 1730)[2]의 「봄」(Spring)에 나오는 구절로, 젊은이의 교육을 묘사할 때 흔히 쓰는 표현이다. 루소나 워즈워스가 주창한 진보된 교육관과 관계있는 표현으로, 어린이의 정신이 꽃처럼 자란다는 관점에서 나온 표현이다. 그러므로 "어린 정신들이 어떻게 꽃피울지를 가르쳤다"로 번역해야 한다.[3]

---

2) "Delightful task! To rear the tender thought, / To teach the young idea how to shoot."

3) 위의 구절은 다음 인용문의 일부이다. "Mrs. Pocket … taught the young idea how to shoot, by shooting it into bed whenever it attracted her notice." 사실 이

주인공인 핍과 조가 미스 해비셤(Miss Havisham)에 대한 대화를 하는 장면을 살펴보자. 핍은 대장장이인 조의 도제(apprentice)가 되었지만 만족하지 못하는 상황이다. 핍은 전에 자신이 심부름을 했던 부유한 미스 해비셤이 뭔가를 베풀어줄지도 모른다고 막연히 기대한다. 그래서 어느 날 미스 해비셤을 방문해서 인사를 드리고 싶다고 조에게 말한다. 그러나 조는 미스 해비셤이 핍이 심부름을 한 댓가를 넉넉하게 주면서 핍과는 더 이상 어떤 관계도 맺지 않겠다고 명백하게 밝혔다고 생각한다. 조는 핍의 방문을 만류하려고 하면서, 미스 해비셤은 핍의 선물을 원하지 않는다고 말한다. 핍은 인사만 드리고 오겠다는데 조가 계속 선물할 필요가 없다고 말하면서 방문을 말리자 답답해 죽을 지경이다. 핍은 조의 이런 답답한 태도에 대해, "still harping on it as though I had particularly pressed it"이라고 묘사한다. 번역본은 이것을, "하아프를 세게 누르기나 한 듯이"라고 번역했다. 갑자기 왜 하아프라는 악기가 등장했을까? "harp"라는 단어를 보는 순간 본능적으로 악기를 연상했나보다. 여기서 "harp"는 동사로, 되풀이한다는 의미이다. "it"은 선물을 가리킨다. 핍이 선물에 대한 이야기를 강조하기라도 한 것처럼 조는 선물에 대한 말만 되풀이한다는 의미이다. "내가 특히 그것을 강조하기나 한 것처럼 그 말을 되풀이 하면서"라고 번역해야 할 것이다. 그 장면에 이어 등장하는 부분을 살펴보자.

ST.

Joe felt, as I did, that he made a point there, and he pulled hard at

---

부분에서 디킨즈는 "shoot"를 이용한 말장난을 하고 있으므로 그것을 살리려면 번역은 더욱 어려워진다.

his pipe to keep himself from weakening it by repetition.

"You see, Pip," Joe pursued, as soon as he was past that danger, "Miss Havisham done the handsome thing by you. When Miss Havisham done the handsome thing by you, she called me back to say to me as that were all."

"Yes, Joe. I heard her."

"All," Joe repeated, very emphatically.

"Yes, Joe. I tell you, I heard her."

"Which I meantersay, Pip, it might be that her meaning were — Make a end on it! — As you was! — Me to the North, and you to the South! — Keep in sunders!"

TT.

나도 그랬듯이, 조우도 여기서 요점을 말했다고 여겼다. 그래서 그는 되풀이해서 파이프를 세게 불어 꺼지지 않도록 자꾸 빨았다.

"핍, 너도 알지만," 조우는 파이프의 불이 꺼질 위험이 없어지자 계속 말했다. "미스 해비샴은 아주 너를 후하게 대접했다. 나를 다시 불러서도 모두가 네 것이라는 얘기를 했었단다."

"그래요, 조우 매부. 나도 들었어요."

"모두야." 조우가 매우 강조하며 말하였다.

"네, 나도 들었다고 그랬지요, 매부."

"내가 말하려는 것은, 그녀가 끝장을 내려고 한 것이 아닌가 한다. 나를 북쪽에 그리고 너를 남쪽에 각각 따로 헤어지게 하려고!"

위의 인용문에서, "나도 그랬듯이"라는 번역은 조의 말이 옳다는 것을 부정할 수 없는 핍의 미묘한 심경을 제대로 드러내지 못한 부적절한 번역이다. 이후의, "그는 되풀이해서 파이프를 세게 불어 꺼지지 않도록 자꾸 빨았다."는 "weakening it"을 잘못 파악한데서 빚어진 오역이다. 여기서 대명사 "it"은 파이프나 파이프의 불이 아니라, "a point," 즉 조의 주장을 가리키는 것이다. 그러므로 "keep himself from weakening it by repetition"은 "되풀이해서 파이프를 세게 불어 꺼지지 않도록"이라는 의미가 아니다. 조는 일단 자기가 하고 싶은 말을 했다고 여겼으므로 자신의 주장을 되풀이해서 말해서 오히려 말의 효과를 줄이는 일을 하지 않으려고 한다는 뜻이다. 따라서 "그 말을 되풀이해서 효과를 줄이지 않으려고 대신 파이프를 열심히 빨았다."로 번역해야 한다. 이 문장을 잘못 번역했기 때문에 다음 문장도 오역을 하게 된다. 번역자는 "that danger"에 대한 이해를 돕기 위해 설명을 첨가하여 "파이프의 불이 꺼질 위험"으로 번역하고 있지만, 이것은 "핵심을 약화시킬 위험"이라는 의미이다.

"that were all"을 "모두가 네 것"으로 번역한 것도 오역이다. 번역자는 미스 해비셤이 이전에 핍과 조를 함께 불렀을 때 핍의 심부름 값으로 돈을 준 것을 염두에 두었기에 이런 번역을 한 듯하다. 그런데 이 장면의 배경을 살펴보면, 핍은 아직도 미스 해비셤이 자기에게 뭔가를 베풀어 줄 지 모른다는 막연한 기대를 가지고 있다. 반면, 조는 미스 해비셤이 그 때 돈을 주면서 핍과의 관계를 끊었다고 판단한다. 그래서 "that were all"은 미스 해비셤이 당시에 돈을 주면서 "그게 전부." 이니 앞으로 더 기대하지 말라고 했다는 뜻이다. 따라서 그 다음에 나오는 "All."도 "모두야."가 아니다. 미스 해비셤의 말을 조가 전달하는 방식인 점을 감안하면, "전부라고 했어."로 번역되어야 한다. "나도 들었다고 그랬지요."는 시제의 오류를 보이는 부분이다. "tell"이 현재형이며 핍의 짜증을 드러내어야 하므로, "나도 들었다고 하잖아요." 정도로 번역이 되어야 한다.

조의 마지막 말에서, "그녀가 끝장을 내려고 한 것이 아닌가 한다."는 번역은 "that were all"이나 "All"을 잘못 이해한 것과는 달리 제대로 번역이 되어 있다. 그러나 여기서 "Make a end on it!"이 조의 말이 아니라 미스 해비셤의 의도를 조가 대신 말해주고 있다는 것을 고려하지 않고 번역을 했기 때문에 그 다음 문장에서 심각한 오역을 하게 된다. 또 바로 다음에 "As you was!"라는 간단한 문장을 누락한 것도 이후의 오역으로 연결된다. 조는 미스 해비셤이 핍에게 돈을 줌으로써 핍과의 관계를 청산하려고 했다는 것을 강하게 나타내기 위해서 미스 해비셤의 말을 대신해서 말하고 있다는 점을 파악하는 것이 중요하다. 그래서, "그녀의 뜻은 이런 거야. — 이걸로 마무리짓자. — 너는 제자리로 가고."라고 번역해야 한다.

번역자는 위의 말을 미스 해비셤의 말로 이해하지 못했기 때문에, "Me to the North, and you to the South! — Keep in sunders!"라는 조의 말을, "나를 북쪽에 그리고 너를 남쪽에 각각 따로 헤어지게 하려고!"라고 번역하여, 마치 미스 해비셤이 조와 핍을 헤어지게 하려고 했다는 의미를 전달한다. 그러나 위의 문장은, "Make a end on it"이나 마찬가지로, 미스 해비셤이 핍에게 하고 싶었을 말을 조가 대신 말해주는 것이다. 따라서 실제로 "Me"는 미스 해비셤을 가리키며, "you"는 핍을 가리킨다. 이런 상황을 번역에서 살려주려면, 조의 말에서 미스 해비셤의 말이 드러나게 해야 한다. "그녀의 뜻은 이런 거야. '이걸로 마무리짓자. — 너는 제자리로 가고. — 나는 북쪽 끝에, 너는 남쪽 끝으로. — 따로 떨어지는 거야.'"라고 번역이 되어야 할 것이다.

2. 소설 번역의 실제

1) 찰스 디킨즈의 『작은 도릿』(*Little Dorrit*, 1857)

다음은 찰스 디킨즈의 소설 『작은 도릿』(*Little Dorrit*)의 일부를 학생이 번역한 것이다. 워낙 번역하기가 까다로운 소설이기도 하지만 중간 부분에서 발췌한 것이므로 전체적인 내용을 모르는 학생들에게는 매우 어려운 번역이다. 소설의 전체 내용을 먼저 파악해야만 인물들 간의 관계를 통해서 존칭법 등을 올바르게 할 수 있기 때문이다. 이 번역의 문제를 논의해보고 더 나은 번역으로 만들어보자.

ST.

Mrs. Gowan, who was engaged in needlework, put her work aside in a covered basket, and rose, a little hurriedly. Miss Fanny was excessively courteous to her, and said the usual nothings with the skill of a veteran.

"Papa was extremely sorry," proceeded Fanny, "to be engaged to-day (he is so much engaged here, our acquaintance being so wretchedly large!); and particularly requested me to bring his card for Mr. Gowan. That I may be sure to acquit myself of a commission which he impressed upon me at least a dozen times, allow me to relieve my conscience by placing it on the table at once."

Which she did with veteran ease.

TT.

바느질에 푹 빠져있었던 고완 부인은 하던 일을 옆의 바구니에 내려놓고 급히 일어섰다. 패니는 그녀에게 지나치게 공손해서 평소처럼 능수능란하게 아무짝에도 쓸모없는 말을 했다.

"아빠가 무지 죄송해하셨어요." 패니는 계속해서, "오늘 일에 관여하게 된 것을(아빠는 이곳에 너무 많이 얽매여있었고, 우리의 동료들은 너무 불쌍해!); 그리고 특별히 제게 고완 씨에게 카드를 전해달라고 부탁했어요. 저에게 적어도 열 번 정도는 강조했듯이 제가 위원회에 무죄를 선언할 것이라 확신한다고 생각하는 것 같아요. 부디 제가 가슴에 손을 얹고 양심을 보여줄 수 있게 해주세요."

그녀는 베테랑처럼 능숙하게 말했다.

ST.

"We have been," said Fanny, "charmed to understand that you know the Merdles. We hope it may be another means of bringing us together."

"They are friends," said Mrs. Gowan, "of Mr. Gowan's family. I have not yet had the pleasure of a personal introduction to Mrs. Merdle, but I suppose I shall be presented to her at Rome."

"Indeed?" returned Fanny, with an appearance of amiably quenching her own superiority. "I think you'll like her."

"You know her very well?"

TT.

"아빠와 저는 부인께서 머들 부부를 안다는 것을 알게 되어서 기뻤어요. 우린 그 사실이 우리 모두를 데려오는 또 하나의 수단이 될 수 있을 거라 소망해요." 패니는 말했다.

"머들 부부는 고완 씨네 가족의 친구들이야." 고완 부인이 말했다. "난 아직 머들 부인에게 개인적인 소개를 하지 않았다는 점에 아쉬움이 있지만 로마에서 소개할 수 있을 거라 생각해."

"정말요?" 패니는 그녀의 상냥함을 돋보이게 해주는 그녀만의 모습으로 대답했다. "전 부인께서 머들 부인을 좋아하실 거라 생각해요."

"너는 머들 부인을 잘 아니?"

ST.

"Why, you see," said Fanny, with a frank action of her pretty shoulders, "in London one knows every one. We met her on our way here, and, to say the truth, papa was at first rather cross with her for taking one of the rooms that our people had ordered for us. However, of course, that soon blew over, and we were all good friends again."

TT.

"아시다시피…" 라며 아름다운 어깨로 솔직한 감정을 드러내며 패니가 입을 열었다. "런던에서는 서로 모르는 사람이 없어요 , 우리는 머들 부인을 이곳에 오는 길에 만났어요, 사실 사람들이 우리를 위해 예약해놓은 방 중 하나를 그녀가 빼앗아 간 일로 인해 처음에 저희 아버지가 그녀에게 꽤 성이 나 있었어요. 하지만 곧 아버지의 분노는 사그러들었고, 우리는 다시 좋은 관계가 되었어요."

ST.

Although the visit had as yet given Little Dorrit no opportunity of conversing with Mrs. Gowan, there was a silent understanding between them, which did as well. She looked at Mrs. Gowan with keen and unabated interest; the sound of her voice was thrilling to her; nothing that was near her, or about her, or at all concerned her, escaped Little Dorrit. She was quicker to perceive the slightest matter here, than in any other case—but one.

"You have been quite well," she now said, "since that night?"

"Quite, my dear. And you?"

"Oh! I am always well," said Little Dorrit, timidly. "I — yes, thank you."

TT.

비록 그 방문이 도릿에게 고완 부인과 대화할 기회를 미쳐 주지 않았지만, 그들 사이엔 암묵적 합의가 있었고 그것 또한 겉으로 나타나진 않았다. 도릿은 주의 깊게 고완 부인을 살폈다; 고완 부인의 목소리는 도릿을 전율케 했다; 그녀의, 그녀에 관한, 그녀의 모든 말들이 도릿의 귓가에 맴돌았다. 도릿은 다른 어떠한 경우보다도 재빠르게 이러한 사소함을 인지하였다. 그러나 이번 뿐이였다.

"너는 잘 지냈니 그날 밤 이후로?" 고완 부인이 말했다.

"네, 잘 지내셨어요?"

"저는 항상 잘 지냈어요." 도릿이 작은 목소리로 말했다. "감사해요."

2) 찰스 디킨스의 『우리 서로의 친구』(*Our Mutual Friend,* 1865)

다음은 찰스 디킨스의 소설 『우리 서로의 친구』의 첫 부분이다. 쉽지 않은 이 소설을 어떻게 번역할지 연구해보자.

ST.

BOOK THE FIRST — THE CUP AND THE LIP

Chapter 1

ON THE LOOK OUT

In these times of ours, though concerning the exact year there is no need to be precise, a boat of dirty and disreputable appearance, with two figures in it, floated on the Thames, between Southwark bridge which is of iron, and London Bridge which is of stone, as an autumn evening was closing in.

The figures in this boat were those of a strong man with ragged grizzled hair and a sun-browned face, and a dark girl of nineteen or twenty, sufficiently like him to be recognizable as his daughter. The girl rowed, pulling a pair of sculls very easily; the man, with the rudder-lines slack in his hands, and his hands loose in his waistband, kept an eager look out. He had no net, hook, or line, and he could not be a fisherman; his boat had no cushion for a sitter, no paint, no inscription, no appliance beyond a rusty boathook and a coil of rope, and he could not be a waterman; his boat was too crazy and too small to take in cargo for delivery, and he could not be a lighterman or river-carrier; there was no clue to what he looked for, but he looked for something, with a most intent and searching gaze. The tide, which had turned an hour before, was running down, and his eyes watched every little race and eddy in its broad sweep, as the boat made slight head-way against it, or drove stern foremost before it, according as he directed his daughter by a movement of his head. She watched his face as earnestly as he watched the river. But, in the intensity of her look there was a touch of dread or horror.

Allied to the bottom of the river rather than the surface, by reason of the slime and ooze with which it was covered, and its sodden state, this boat and the two figures in it obviously were doing something that they often did, and were seeking what they often sought. Half savage as the man showed, with no covering on his matted head, with his brown arms bare to between the elbow and the shoulder, with the loose knot of a looser kerchief lying low on his bare breast in a wilderness of beard and whisker, with such dress as he wore seeming to be made out of the mud that begrimed his boat, still there was a business-like usage in his steady gaze. So with every lithe action of the girl, with every turn of her wrist, perhaps most of all with her look of dread or horror; they were things of usage.

'Keep her out, Lizzie. Tide runs strong here. Keep her well afore the sweep of it.'

Trusting to the girl's skill and making no use of the rudder, he eyed the coming tide with an absorbed attention. So the girl eyed him. But, it happened now, that a slant of light from the setting sun glanced into the bottom of the boat, and, touching a rotten stain there which bore some resemblance to the outline of a muffled human form, coloured it as though with diluted blood. This caught the girl's eye, and she shivered.

'What ails you?' said the man, immediately aware of it, though so intent on the advancing waters; 'I see nothing afloat.'

The red light was gone, the shudder was gone, and his gaze, which had come back to the boat for a moment, travelled away again. Wheresoever the strong tide met with an impediment, his gaze paused for an instant. At every mooring-chain and rope, at every stationery boat or barge that split the current into a broad-arrowhead, at the offsets from the piers of Southwark Bridge, at the paddles of the river steamboats as they beat the filthy water, at the floating logs of timber lashed together lying off certain wharves, his shining eyes darted a hungry look. After a darkening hour or so, suddenly the rudder-lines tightened in his hold, and he steered hard towards the Surrey shore.

Always watching his face, the girl instantly answered to the action in her sculling; presently the boat swung round, quivered as from a sudden jerk, and the upper half of the man was stretched out over the stern.

The girl pulled the hood of a cloak she wore, over her head and over her face, and, looking backward so that the front folds of this hood were turned down the river, kept the boat in that direction going before the tide. Until now, the boat had barely held her own, and had hovered about one spot; but now, the banks changed swiftly, and the deepening shadows and the kindling lights of London Bridge were passed, and the tiers of shipping lay on either hand.

It was not until now that the upper half of the man came back into the boat. His arms were wet and dirty, and he washed them over the side. In his right hand he held something, and he washed that in the river too. It was money. He chinked it once, and he blew upon it once, and he spat upon it once,—'for luck,' he hoarsely said—before he put it in his pocket.

'Lizzie!'

The girl turned her face towards him with a start, and rowed in silence. Her face was very pale. He was a hook-nosed man, and with that and his bright eyes and his ruffled head, bore a certain likeness to a roused bird of prey.

'Take that thing off your face.'

She put it back.

'Here! and give me hold of the sculls. I'll take the rest of the spell.'

'No, no, father! No! I can't indeed. Father!—I cannot sit so near it!'

He was moving towards her to change places, but her terrified expostulation stopped him and he resumed his seat.

'What hurt can it do you?'

'None, none. But I cannot bear it.'

'It's my belief you hate the sight of the very river.'

'I—I do not like it, father.'

'As if it wasn't your living! As if it wasn't meat and drink to you!'

At these latter words the girl shivered again, and for a moment paused in her rowing, seeming to turn deadly faint. It escaped his attention, for he was glancing over the stern at something the boat had in tow.

'How can you be so thankless to your best friend, Lizzie? The very fire that warmed you when you were a babby, was picked out of the river alongside the coal barges. The very basket that you slept in, the tide washed ashore. The very rockers that I put it upon to make a cradle of it, I cut out of a piece of wood that drifted from some ship or another.'

Lizzie took her right hand from the scull it held, and touched her lips with it, and for a moment held it out lovingly towards him: then, without speaking, she resumed her rowing, as another boat of similar appearance, though in rather better trim, came out from a dark place and dropped softly alongside.

'In luck again, Gaffer?' said a man with a squinting leer, who sculled her and who was alone, 'I know'd you was in luck again, by your wake as you come down.'

'Ah!' replied the other, drily. 'So you're out, are you?'

'Yes, pardner.'

There was now a tender yellow moonlight on the river, and the new comer, keeping half his boat's length astern of the other boat looked hard at its track.

'I says to myself,' he went on, 'directly you hove in view, yonder's Gaffer, and in luck again, by George if he ain't! Scull it is, pardner—don't fret yourself—I didn't touch him.' This was in answer to a quick impatient movement on the part of Gaffer: the speaker at the same time unshipping his scull on that side, and laying his hand on the gunwale of Gaffer's boat and holding to it.

'He's had touches enough not to want no more, as well as I make him out, Gaffer! Been a knocking about with a pretty many tides, ain't he pardner? Such is my out-of-luck ways, you see! He must have passed me when he went up last time, for I was on the lookout below bridge here. I a'most think you're like the wulturs, pardner, and scent 'em out.'

He spoke in a dropped voice, and with more than one glance at Lizzie who had pulled on her hood again. Both men then looked with a weird unholy interest in the wake of Gaffer's boat.

'Easy does it, betwixt us. Shall I take him aboard, pardner?'

'No,' said the other. In so surly a tone that the man, after a blank stare, acknowledged it with the retort:

'—Arn't been eating nothing as has disagreed with you, have you, pardner?'

'Why, yes, I have,' said Gaffer. 'I have been swallowing too much of that word, Pardner. I am no pardner of yours.'

'Since when was you no pardner of mine, Gaffer Hexam Esquire?'

'Since you was accused of robbing a man. Accused of robbing a live man!' said Gaffer, with great indignation.

'And what if I had been accused of robbing a dead man, Gaffer?'

'You couldn't do it.'

'Couldn't you, Gaffer?'

'No. Has a dead man any use for money? Is it possible for a dead man to have money? What world does a dead man belong to? 'Tother world. What world does money belong to? This world. How can money be a corpse's? Can a corpse own it, want it, spend it, claim it, miss it? Don't try to go confounding the rights and wrongs of things in that way. But it's worthy of the sneaking spirit that robs a live man.'

'I'll tell you what it is—.'

'No you won't. I'll tell you what it is. You got off with a short time of it for putting your hand in the pocket of a sailor, a live sailor. Make the most of it and think yourself lucky, but don't think after that to come over me with your pardners. We have worked together in time past, but we work together no more in time present nor yet future. Let go. Cast off!'

'Gaffer! If you think to get rid of me this way—.'

'If I don't get rid of you this way, I'll try another, and chop you over the fingers with the stretcher, or take a pick at your head with the boat-hook. Cast off! Pull you, Lizzie. Pull home, since you won't let your father pull.'

Lizzie shot ahead, and the other boat fell astern. Lizzie's father, composing himself into the easy attitude of one who had asserted the high moralities and taken an unassailable position, slowly lighted a pipe, and smoked, and took a survey of what he had in tow. What he had in tow, lunged itself at him sometimes in an awful manner when the boat was checked, and sometimes seemed to try to wrench itself away, though for the most part it followed submissively. A neophyte might have fancied that the ripples passing over it were dreadfully like faint changes of expression on a sightless face; but Gaffer was no neophyte and had no fancies.

Chapter 2

THE MAN FROM SOMEWHERE

Mr. and Mrs. Veneering were bran-new people in a bran-new house in a bran-new quarter of London. Everything about the Veneerings was spick and span new. All their furniture was new, all their friends were new, all their servants were new, their plate was new, their carriage was new, their harness was new, their horses were new, their pictures were new, they themselves were new, they were as newly married as was lawfully compatible with their having a bran-new baby, and if they had set up a great-grandfather, he would have come home in matting from the Pantechnicon, without a scratch upon him, French polished to the crown of his head.

For, in the Veneering establishment, from the hall-chairs with the new coat of arms, to the grand pianoforte with the new action, and upstairs again to the new fire-escape, all things were in a state of high varnish and polish. And what was observable in the furniture, was observable in the Veneerings—the surface smelt a little too much of the workshop and was a trifle sticky.

There was an innocent piece of dinner-furniture that went upon easy castors and was kept over a livery stable-yard in Duke Street, Saint James's, when not in use, to whom the Veneerings were a source of blind confusion. The name of this article was Twemlow. Being first cousin to Lord Snigsworth, he was in frequent requisition, and at many houses might be said to represent the dining-table in its normal state. Mr. and Mrs. Veneering, for example, arranging a dinner, habitually started with Twemlow, and then put leaves in him, or added guests to him. Sometimes, the table consisted of Twemlow and half a dozen leaves; sometimes, of Twemlow and a dozen leaves; sometimes, Twemlow was pulled out to his utmost extent of twenty leaves. Mr. and Mrs. Veneering on occasions of ceremony faced each other in the centre of the board, and thus the parallel still held; for, it always happened that the more Twemlow was pulled out, the further he found himself from the center, and nearer to the sideboard at one end of the room, or the window-curtains at the other.

But, it was not this which steeped the feeble soul of Twemlow in confusion. This he was used to, and could take soundings of. The abyss to which he could find no bottom, and from which started forth the engrossing and ever-swelling difficulty of his life, was the insoluble question whether he was Veneering's oldest friend, or newest friend. To the excogitation of this problem, the harmless gentleman had devoted many anxious hours, both in his lodgings over the livery stable-yard, and in the cold gloom, favourable to meditation, of Saint James's Square. Thus. Twemlow had first known Veneering at his club, where Veneering then knew nobody but the man who made them known to one another, who seemed to be the most intimate friend he had in the world, and whom he had known two days—the bond of union between their souls, the nefarious conduct of the committee respecting the cookery of a fillet of veal, having been accidentally cemented at that date. Immediately upon this, Twemlow received an invitation to dine with Veneering, and dined: the man being of the party. Immediately upon that, Twemlow received an invitation to dine with the man, and dined: Veneering being of the party. At the man's were a Member, an Engineer, a Payer-off of the National Debt, a Poem on Shakespeare, a Grievance, and a Public Office, who all seem to be utter strangers to Veneering. And yet immediately after that, Twemlow received an invitation to dine at Veneerings, expressly to meet the Member, the Engineer, the Payer-off of the National Debt, the Poem on Shakespeare, the Grievance, and the Public Office, and, dining, discovered that all of them were the most intimate friends Veneering had in the world, and that the wives of all of them (who were all there) were the objects of Mrs. Veneering's most devoted affection and tender confidence.

Thus it had come about, that Mr. Twemlow had said to himself in his lodgings, with his hand to his forehead: 'I must not think of this. This is enough to soften any man's brain,'—and yet was always thinking of it, and could never form a conclusion.

This evening the Veneerings give a banquet. Eleven leaves in the Twemlow; fourteen in company all told. Four pigeon-breasted retainers in plain clothes stand in line in the hall. A fifth retainer, proceeding up the staircase with a mournful air—as who should say, 'Here is another wretched creature come to dinner; such is life!'—announces, 'Mis-ter Twemlow!'

Mrs. Veneering welcomes her sweet Mr. Twemlow. Mr. Veneering welcomes his dear Twemlow. Mrs. Veneering does not expect that Mr. Twemlow can in nature care much for such insipid things as babies, but so old a friend must please to look at baby. 'Ah! You will know the friend of your family better, Tootleums,' says Mr. Veneering, nodding emotionally at that new article, 'when you begin to take notice.' He then begs to make his dear Twemlow known to his two friends, Mr. Boots and Mr. Brewer—and clearly has no distinct idea which is which.

But now a fearful circumstance occurs.

'Mis-ter and Mis-sus Podsnap!'

'My dear,' says Mr. Veneering to Mrs. Veneering, with an air of much friendly interest, while the door stands open, 'the Podsnaps.'

A too, too smiling large man, with a fatal freshness on him, appearing with his wife, instantly deserts his wife and darts at Twemlow with:

'How do you do? So glad to know you. Charming house you have here. I hope we are not late. So glad of the opportunity, I am sure!'

When the first shock fell upon him, Twemlow twice skipped back in his neat little shoes and his neat little silk stockings of a bygone fashion, as if impelled to leap over a sofa behind him; but the large man closed with him and proved too strong.

'Let me,' says the large man, trying to attract the attention of his wife in the distance, 'have the pleasure of presenting Mrs. Podsnap to her host. She will be,' in his fatal freshness he seems to find perpetual verdure and eternal youth in the phrase, 'she will be so glad of the opportunity, I am sure!'

In the meantime, Mrs. Podsnap, unable to originate a mistake on her own account, because Mrs. Veneering is the only other lady there, does her best in the way of handsomely supporting her husband's, by looking towards Mr. Twemlow with a plaintive countenance and remarking to Mrs. Veneering in a feeling manner, firstly, that she fears he has been rather bilious of late, and, secondly, that the baby is already very like him.

It is questionable whether any man quite relishes being mistaken for any other man; but, Mr. Veneering having this very evening set up the shirt-front of the young Antinous in new worked cambric just come home, is not at all complimented by being supposed to be Twemlow, who is dry and weazen and some thirty years older. Mrs. Veneering equally resents the imputation of being the wife of Twemlow. As to Twemlow, he is so sensible of being a much better bred man than Veneering, that he considers the large man an offensive ass.

In this complicated dilemma, Mr. Veneering approaches the large man with extended hand and, smilingly assures that incorrigible personage that he is delighted to see him: who in his fatal freshness instantly replies:

'Thank you. I am ashamed to say that I cannot at this moment recall where we met, but I am so glad of this opportunity, I am sure!'

Then pouncing upon Twemlow, who holds back with all his feeble might, he is haling him off to present him, as Veneering, to Mrs. Podsnap, when the arrival of more guests unravels the mistake. Whereupon, having re-shaken hands with Veneering as Veneering, he re-shakes hands with Twemlow as Twemlow, and winds it all up to his own perfect satisfaction by saying to the last-named, 'Ridiculous opportunity—but so glad of it, I am sure!'

Now, Twemlow having undergone this terrific experience, having likewise noted the fusion of Boots in Brewer and Brewer in Boots, and having further observed that of the remaining seven guests four discrete characters enter with wandering eyes and wholly declined to commit themselves as to which is Veneering, until Veneering has them in his grasp;—Twemlow having profited by these studies, finds his brain wholesomely hardening as he approaches the conclusion that he really is Veneering's oldest friend, when his brain softens again and all is lost, through his eyes encountering Veneering and the large man linked together as twin brothers in the back drawing-room near the conservatory door, and through his ears informing him in the tones of Mrs. Veneering that the same large man is to be baby's godfather.

'Dinner is on the table!'

Thus the melancholy retainer, as who should say, 'Come down and be poisoned, ye unhappy children of men!'

Twemlow, having no lady assigned him, goes down in the rear, with his hand to his forehead. Boots and Brewer, thinking him indisposed, whisper, 'Man faint. Had no lunch.' But he is only stunned by the unvanquishable difficulty of his existence.

Revived by soup, Twemlow discourses mildly of the Court Circular with Boots and Brewer. Is appealed to, at the fish stage of the banquet, by Veneering, on the disputed question whether his cousin Lord Snigsworth is in or out of town? Gives it that his cousin is out of town. 'At Snigsworthy Park?' Veneering inquires. 'At Snigsworthy,' Twemlow rejoins. Boots and Brewer regard this as a man to be cultivated; and Veneering is clear that he is a remunerative article. Meantime the retainer goes round, like a gloomy Analytical ChemiST. always seeming to say, after 'Chablis, sir?'—'You wouldn't if you knew what it's made of.'

The great looking-glass above the sideboard, reflects the table and the company. Reflects the new Veneering crest, in gold and eke in silver, frosted and also thawed, a camel of all work. The Heralds' College found out a Crusading ancestor for Veneering who bore a camel on his shield (or might have done it if he had thought of it), and a caravan of camels take charge of the fruits and flowers and candles, and kneel down be loaded with the salt. Reflects Veneering; forty, wavy-haired, dark, tending to corpulence, sly, mysterious, filmy—a kind of sufficiently well-looking veiled-prophet, not prophesying. Reflects Mrs. Veneering; fair, aquiline-nosed and fingered, not so much light hair as she might have, gorgeous in raiment and jewels, enthusiastic, propitiatory, conscious that a corner of her husband's veil is over herself. Reflects Podsnap; prosperously feeding, two little light-coloured wiry wings, one on either side of his else bald head, looking as like his hairbrushes as his hair, dissolving view of red beads on his forehead, large allowance of crumpled shirt-collar up behind. Reflects Mrs. Podsnap; fine woman for Professor Owen, quantity of bone, neck and nostrils like a rocking-horse, hard features, majestic head-dress in which Podsnap has hung golden offerings. Reflects Twemlow; grey, dry, polite, susceptible to east wind, First-Gentleman-in-Europe collar and cravat, cheeks drawn in as if he had made a great effort to retire into himself some years ago, and had got so far and had never got any farther. Reflects mature young lady; raven locks, and complexion that lights up well when well powdered—as it is—carrying on considerably in the captivation of mature young gentleman; with too much nose in his face, too much ginger in his whiskers, too much torso in his waistcoat, too much sparkle in his studs, his eyes, his buttons, his talk, and his teeth. Reflects charming old Lady Tippins on Veneering's right; with an immense obtuse drab oblong face, like a face in a tablespoon, and a dyed Long Walk up the top of her head, as a convenient public approach to the bunch of false hair behind, pleased to patronize Mrs. Veneering opposite, who is pleased to be patronized. Reflects a certain 'Mortimer', another of Veneering's oldest friends; who never was in the house before, and appears not to want to come again, who sits disconsolate on Mrs. Veneering's left, and who was inveigled by Lady Tippins (a friend of his boyhood) to come to these people's and talk, and who won't talk. Reflects Eugene, friend of Mortimer; buried alive in the back of his chair, behind a shoulder—with a powder-epaulette on it—of the mature young lady, and gloomily resorting to the champagne chalice whenever proffered by the Analytical Chemist. Lastly, the looking-glass reflects Boots and Brewer, and two other stuffed Buffers interposed between the rest of the company and possible accidents.

The Veneering dinners are excellent dinners—or new people wouldn't come—and all goes well. Notably, Lady Tippins has made a series of experiments on her digestive functions, so extremely complicated and daring, that if they could be published with their results it might benefit the human race. Having taken in provisions from all parts of the world, this hardy old cruiser has last touched at the North Pole, when, as the ice-plates are being removed, the following words fall from her:

'I assure you, my dear Veneering—'

(Poor Twemlow's hand approaches his forehead, for it would seem now, that Lady Tippins is going to be the oldest friend.)

'I assure you, my dear Veneering, that it is the oddest affair! Like the advertising people, I don't ask you to trust me, without offering a respectable reference. Mortimer there, is my reference, and knows all about it.'

Mortimer raises his drooping eyelids, and slightly opens his mouth. But a faint smile, expressive of 'What's the use!' passes over his face, and he drops his eyelids and shuts his mouth.

'Now, Mortimer,' says Lady Tippins, rapping the sticks of her closed green fan upon the knuckles of her left hand—which is particularly rich in knuckles, 'I insist upon your telling all that is to be told about the man from Jamaica.'

'Give you my honour I never heard of any man from Jamaica, except the man who was a brother,' replies Mortimer.

'Tobago, then.'

'Nor yet from Tobago.'

'Except,' Eugene strikes in: so unexpectedly that the mature young lady, who has forgotten all about him, with a start takes the epaulette out of his way: 'except our friend who long lived on rice-pudding and isinglass, till at length to his something or other, his physician said something else, and a leg of mutton somehow ended in daygo.'

A reviving impression goes round the table that Eugene is coming out. An unfulfilled impression, for he goes in again.

'Now, my dear Mrs. Veneering,' quoth Lady Tippins, I appeal to you whether this is not the basest conduct ever known in this world? I carry my lovers about, two or three at a time, on condition that they are very obedient and devoted; and here is my oldest lover-in-chief, the head of all my slaves, throwing off his allegiance before company! And here is another of my lovers, a rough Cymon at present certainly, but of whom I had most hopeful expectations as to his turning out well in course of time, pretending that he can't remember his nursery rhymes! On purpose to annoy me, for he knows how I doat upon them!'

A grisly little fiction concerning her lovers is Lady Tippins's point. She is always attended by a lover or two, and she keeps a little list of her lovers, and she is always booking a new lover, or striking out an old lover, or putting a lover in her black list, or promoting a lover to her blue list, or adding up her lovers, or otherwise posting her book. Mrs. Veneering is charmed by the humour, and so is Veneering. Perhaps it is enhanced by a certain yellow play in Lady Tippins's throat, like the legs of scratching poultry.

'I banish the false wretch from this moment, and I strike him out of my Cupidon (my name for my Ledger, my dear,) this very night. But I am resolved to have the account of the man from Somewhere, and I beg you to elicit it for me, my love,' to Mrs. Veneering, 'as I have lost my own influence. Oh, you perjured man!' This to Mortimer, with a rattle of her fan.

'We are all very much interested in the man from Somewhere,' Veneering observes.

Then the four Buffers, taking heart of grace all four at once, say:

'Deeply interested!'

'Quite excited!'

'Dramatic!'

'Man from Nowhere, perhaps!'

And then Mrs. Veneering—for the Lady Tippins's winning wiles are contagious—folds her hands in the manner of a supplicating child, turns to her left neighbour, and says, 'Tease! Pay! Man from Tumwhere!' At which the four Buffers, again mysteriously moved all four at once, explain, 'You can't resist!'

'Upon my life,' says Mortimer languidly, 'I find it immensely embarrassing to have the eyes of Europe upon me to this extent, and my only consolation is that you will all of you execrate Lady Tippins in your secret hearts when you find, as you inevitably will, the man from Somewhere a bore. Sorry to destroy romance by fixing him with a local habitation, but he comes from the place, the name of which escapes me, but will suggest itself to everybody else here, where they make the wine.'

Eugene suggests 'Day and Martin's.'

'No, not that place,' returns the unmoved Mortimer, 'that's where they make the Port. My man comes from the country where they make the Cape Wine. But look here, old fellow; its not at all statistical and it's rather odd.'

It is always noticeable at the table of the Veneerings, that no man troubles himself much about the Veneerings themselves, and that any one who has anything to tell, generally tells it to anybody else in preference.

'The man,' Mortimer goes on, addressing Eugene, 'whose name is Harmon, was only son of a tremendous old rascal who made his money by Dust.'

'Red velveteens and a bell?' the gloomy Eugene inquires.

'And a ladder and basket if you like. By which means, or by others, he grew rich as a Dust Contractor, and lived in a hollow in a hilly country entirely composed of Dust. On his own small estate the growling old vagabond threw up his own mountain range, like an old volcano, and its geological formation was Dust. Coal-dust, vegetable-dust, bone-dust, crockery dust, rough dust and sifted dust,—all manner of Dust.'

A passing remembrance of Mrs. Veneering, here induces Mortimer to address his next half-dozen words to her; after which he wanders away again, tries Twemlow and finds he doesn't answer, ultimately takes up with the Buffers who receive him enthusiastically.

'The moral being—I believe that's the right expression—of this exemplary person, derived its highest gratification from anathematizing his nearest relations and turning them out of doors. Having begun (as was natural) by rendering these attentions to the wife of his bosom, he next found himself at leisure to bestow a similar recognition on the claims of his daughter. He chose a husband for her, entirely to his own satisfaction and not in the least to hers, and proceeded to settle upon her, as her marriage portion, I don't know how much Dust, but something immense. At this stage of the affair the poor girl respectfully intimated that she was secretly engaged to that popular character whom the novelists and versifiers call Another, and that such a marriage would make Dust of her heart and Dust of her life—in short, would set her up, on a very extensive scale, in her father's business. Immediately, the venerable parent—on a cold winter's night, it is said—anathematized and turned her out.'

Here, the Analytical Chemist (who has evidently formed a very low opinion of Mortimer's story) concedes a little claret to the Buffers; who, again mysteriously moved all four at once, screw it slowly into themselves with a peculiar twist of enjoyment, as they cry in chorus, 'Pray go on.'

'The pecuniary resources of Another were, as they usually are, of a very limited nature. I believe I am not using too strong an expression when I say that Another was hard up. However, he married the young lady, and they lived in a humble dwelling, probably possessing a porch ornamented with honeysuckle and woodbine twining, until she died. I must refer you to the Registrar of the District in which the humble dwelling was situated, for the certified cause of death; but early sorrow and anxiety may have had to do with it, though they may not appear in the ruled pages and printed forms. Indisputably this was the case with Another, for he was so cut up by the loss of his young wife that if he outlived her a year it was as much as he did.'

There is that in the indolent Mortimer, which seems to hint that if good society might on any account allow itself to be impressible, he, one of good society, might have the weakness to be impressed by what he here relates. It is hidden with great pains, but it is in him. The gloomy Eugene too, is not without some kindred touch; for, when that appalling Lady Tippins declares that if Another had survived, he should have gone down at the head of her list of lovers—and also when the mature young lady shrugs her epaulettes, and laughs at some private and confidential comment from the mature young gentleman—his gloom deepens to that degree that he trifles quite ferociously with his dessert-knife.

Mortimer proceeds.

'We must now return, as novelists say, and as we all wish they wouldn't, to the man from Somewhere. Being a boy of fourteen, cheaply educated at Brussels when his sister's expulsion befell, it was some little time before he heard of it—probably from herself, for the mother was dead; but that I don't know. Instantly, he absconded, and came over here. He must have been a boy of spirit and resource, to get here on a stopped allowance of five sous a week; but he did it somehow, and he burst in on his father, and pleaded his sister's cause. Venerable parent promptly resorts to anathematization, and turns him out. Shocked and terrified boy takes flight, seeks his fortune, gets aboard ship, ultimately turns up on dry land among the Cape wine: small proprietor, farmer, grower—whatever you like to call it.'

At this juncture, shuffling is heard in the hall, and tapping is heard at the dining-room door. Analytical Chemist goes to the door, confers angrily with unseen tapper, appears to become mollified by descrying reason in the tapping, and goes out.

'So he was discovered, only the other day, after having been expatriated about fourteen years.'

A Buffer, suddenly astounding the other three, by detaching himself, and asserting individuality, inquires: 'How discovered, and why?'

'Ah! To be sure. Thank you for reminding me. Venerable parent dies.'

Same Buffer, emboldened by success, says: 'When?'

'The other day. Ten or twelve months ago.'

Same Buffer inquires with smartness, 'What of?' But herein perishes a melancholy example; being regarded by the three other Buffers with a stony stare, and attracting no further attention from any mortal.

'Venerable parent,' Mortimer repeats with a passing remembrance that there is a Veneering at table, and for the first time addressing him—'dies.'

The gratified Veneering repeats, gravely, 'dies'; and folds his arms, and composes his brow to hear it out in a judicial manner, when he finds himself again deserted in the bleak world.

'His will is found,' said Mortimer, catching Mrs. Podsnap's rocking-horse's eye. 'It is dated very soon after the son's flight. It leaves the lowest of the range of dust-mountains, with some sort of a dwelling-house at its foot, to an old servant who is sole executor, and all the rest of the property—which is very considerable—to the son. He directs himself to be buried with certain eccentric ceremonies and precautions against his coming to life, with which I need not bore you, and that's all—except—' and this ends the story.

The Analytical Chemist returning, everybody looks at him. Not because anybody wants to see him, but because of that subtle influence in nature which impels humanity to embrace the slightest opportunity of looking at anything, rather than the person who addresses it.

'—Except that the son's inheriting is made conditional on his marrying a girl, who at the date of the will, was a child of four or five years old, and who is now a marriageable young woman. Advertisement and inquiry discovered the son in the man from Somewhere, and at the present moment, he is on his way home from there—no doubt, in a state of great astonishment—to succeed to a very large fortune, and to take a wife.'

Mrs. Podsnap inquires whether the young person is a young person of personal charms? Mortimer is unable to report.

Mr. Podsnap inquires what would become of the very large fortune, in the event of the marriage condition not being fulfilled? Mortimer replies, that by special testamentary clause it would then go to the old servant above mentioned, passing over and excluding the son; also, that if the son had not been living, the same old servant would have been sole residuary legatee.

Mrs. Veneering has just succeeded in waking Lady Tippins from a snore, by dexterously shunting a train of plates and dishes at her knuckles across the table; when everybody but Mortimer himself becomes aware that the Analytical Chemist is, in a ghostly manner, offering him a folded paper. Curiosity detains Mrs. Veneering a few moments.

Mortimer, in spite of all the arts of the chemist, placidly refreshes himself with a glass of Madeira, and remains unconscious of the Document which engrosses the general attention, until Lady Tippins (who has a habit of waking totally insensible), having remembered where she is, and recovered a perception of surrounding objects, says: 'Falser man than Don Juan; why don't you take the note from the commendatore?' Upon which, the chemist advances it under the nose of Mortimer, who looks round at him, and says:

'What's this?'

Analytical Chemist bends and whispers.

'Who?' Says Mortimer.

Analytical Chemist again bends and whispers.

Mortimer stares at him, and unfolds the paper. Reads it, reads it twice, turns it over to look at the blank outside, reads it a third time.

'This arrives in an extraordinarily opportune manner,' says Mortimer then, looking with an altered face round the table: 'this is the conclusion of the story of the identical man.'

'Already married?' one guesses.

'Declines to marry?' another guesses.

'Codicil among the dust?' another guesses.

'Why, no,' says Mortimer; 'remarkable thing, you are all wrong. The story is completer and rather more exciting than I supposed. Man's drowned!'

3부

한영 번역의 실제

8장 전래동화 영역

1. 전래동화의 영역을 어떻게 할까?

한국의 전래동화를 영어로 번역하는 것은 결코 쉬운 일이 아니다. 한국과 영어권 세계의 문화적 차이가 상당할 뿐 아니라 시간적 간극도 극복해야 하기 때문이다. 전래동화의 번역은 무엇보다도 이런 차이를 극복하는 것과 연결되어 있다. 여기서는 우리의 대표적인 전래동화인 「콩쥐팥쥐전」의 영역본을 점검해보자.

「콩쥐팥쥐전」의 스토리는 여러 문화권에서 공유하는 요소를 포함하고 있다. 계모, 이복동생, 도움을 주는 대모, 신분을 증명해줄 신발, 신분상승적인 결혼 등은 서양의 신데렐라 이야기에도 있고, 중국의 연화 이야기에도 들어 있다. 따라서 「콩쥐팥쥐전」은 어떤 언어로 번역해도 공감을 이끌어 낼 요소가 들어있다. 단지 「콩쥐팥쥐전」의 고유한 문화를 어떻게 번역하느냐의 문제가 남게 된다.

오래전에 나온 S 출판사의 전래동화 영역본에서는 「콩쥐팥쥐전」을 영어권 아동의 눈높이에 맞추어서 “Korean Cinderella”로 제목을 바꾸어 번역하여 어린 독자들의 이해를 돕고자 했다. 그러나 막상 이야기 속에서는 별다른 설명 없이 콩쥐와 팥쥐가 바로 등장해서 어린 독자들은 다소 어리둥절할 수 있다. 콩쥐가 신데렐라처럼 신분상승을 이루는 결혼에 성공하기 때문에 "한국판 신데렐라"라는 제목을 붙인 것은 어린이의 눈높이를 맞추지 못한 것으로 볼 수 있다.

신데렐라가 왕자와 결혼할 수 있게 되는 것은 그녀의 정체를 확인해 줄 유리구두 덕분이다. 원래 유럽의 민중들 사이에 떠돌던 민화에서는 유리구두가 아니라 나무로 만든 나막신이라고 한다. 그런데 이 이야기를 샤를 뻬로(Charles Perrault)가 정리한 프랑스 동화에서 신데렐라의 신이 가죽신인 "Vair"로 번역되었다. 이것이 "Verre," 즉 "유리"로 잘못 이해되어 유리구두로 번역되었다는 것이다. 결국 잘못된 번역으로 인해 현실적으로는 가능하지 않은 유리구두라는 개념이 만들어졌는데 이것이 오히려 전세계인들의 환상을 자극해서 신데렐라의 상징이 된 셈이다.

콩쥐도 잃어버린 꽃신 덕분에 원님의 아내가 된다. 이 꽃신도 신데렐라처럼 선녀가 준 것이다. 따라서 이 꽃신도 유리구두처럼 독자에게 깊은 인상을 주어야 한다. 그런데 S 출판사의 번역에서 선녀가 준 꽃신은, "The shoes were delicately decorated with pictures of flowers." 라고 다소 밋밋하게 번역되었다. 게다가 이후에 꽃신은 그냥 "shoe" 라고만 표현된다. 따라서 원님이 물속에 떨어진 꽃신을 보고 너무 예뻐서, "이렇게 예쁜 꽃신은 처음 보는구나."라며 그 임자를 찾아오라고 하고 결국 그 임자에게 청혼한다는 스토리는 설득력이 떨어진다. "shoe"라는 번역은 꽃신의 효과를 전달하지 못하는 것이다.

사실 이 이야기를 한국어의 내용대로만 번역할 경우에 서양인의 논리로는 이해가 되지 않을 것이다. 「신데렐라」에서는 왕자가 신데렐라와 춤을 추면서 사랑을 느꼈으므로 이후 그녀가 잃어버린 유리구두로 그녀를 애타게 찾는 것이 이해가 된다. 그러나 「콩쥐팥쥐전」에서는 원님이 콩쥐를 본 적도 없는 상태에서 꽃신을 보는 순간, "내 그 처녀를 아내로 맞으리라."라고 결심하므로 황당하기 짝이 없다. 영어 번역은 이런 논리적인 불합리함을 보충하기 위해서 없는 내용을 첨가했다. 원님이 신발의 주인을 찾아오라는 명령만 내리는 것으로 적절한 조절을 한 것이다. 문화가 다른 두 언어권의 소통을 위해서는 이런 조정이 필요하다.

ST.

원님은 징검다리를 건너다, 물 속에 떨어진 꽃신을 보았습니다.
"오호, 이렇게 예쁜 꽃신은 처음 보는구나. 주인이 누군지 데려 오너라. 내 그 처녀를 아내로 맞으리라."

TT.

As the governor was crossing the stream, he saw Kongji's shoe wedged between a rock. He called one of his men to fetch the shoe to him.

"Hmmm, this is a very unusual, but beautiful shoe," said the governor. "Whoever owns this shoe must be someone quite exceptional." The governor turned to his men and ordered. "Find the woman who wore this shoe and bring her to me."

2. 전래동화 영역 점검

다음은 「해와 달이 된 오누이」(Sister Sun and Brother Moon)의 번역이다. 이 번역을 평가하면서 더 나은 번역을 고려해보자.

ST.

"엄마, 배고파 죽겠어요."하고 동생이 말하자, 호랑이는, "금방 밥을 지어 줄 테니 조금만 참아라." 하고는, 부엌으로 가서 정말 밥 짓는 시늉을 하는 것이었습니다.

그 때 오빠는 문틈으로 슬쩍 부엌을 내다보았습니다. 역시 치맛자락 사이로 기다란 꼬리가 보였습니다.

"저것 좀 봐. 틀림없이 호랑이야."

놀란 오누이는 호랑이 몰래 뒷문으로 빠져나가 집 뒤에 있는 큰 은행나무로 올라가서 나뭇가지 사이에 숨었습니다.

TT.

"Mom, we're starving." Said the little sister. The tiger said, "I'm going to make a meal soon, so hang on a second." Then he went to the kitchen and pretended as if he was cooking.

At that time, the older brother peeped out the kitchen through the door crack. As they expected, a long tail spotted through a slit in the skirt.

"Look at that. That's definitely a tiger."

The startled brother and sister sneaked off through the back door, climbed a ginkgo tree, and hid behind the branches of the trees.

ST.

'어느 아이부터 잡아먹을까?'

호랑이는 슬그머니 방안을 들여다보았습니다. 그러나 방안에 아무도 없는 것을 보고는 오누이가 도망쳐 숨었다는 것을 알았습니다.

"요것들 봐라. 내 못 잡을 줄 알아?"

날이 환하게 밝아왔습니다. 그 때까지도 호랑이는 오누이를 찾아다니고 있었습니다.

"요것들이 하늘로 솟았나, 땅으로 꺼졌나?"

TT.

'Which one should I eat first?'

The tiger sneaked a look at the inside of the room, but nobody was there. Then he noticed that they ran away and hid.

"You little rascals! Do you think I can't catch you?"

The day dawned bright and clear. Up till then the tiger was looking for them.

"Where in the world did they go?"

ST.

호랑이는 마침내 뒷마당 우물 속에서 오누이의 모습을 찾아냈습니다.

"아니, 너희들 왜 그 속에 들어가 있니?"

호랑이는 은행나무에 올라가 숨은 오누이의 얼굴이 우물에 비친 줄도 모르고 말했습니다.

"냉큼 나오지 못하겠니? 안 그러면 내가 뛰어들 테다!"

아이들이 나오지 않자 호랑이는 화를 벌컥 내면서, 우물 속으로 뛰어드는 시늉을 했습니다.

TT.

The tiger finally found their reflections in a backyard well.

"Oh, why are you in there?"

He didn't realize that their faces were reflected in the well and said.

"Come out right now! Or I'll dive into the well!"

Since they didn't come out, he pretended to dive into the well with an angry face.

ST.

"하하하…"

"호호호…"

오누이는 호랑이가 하는 짓이 하도 우스워서 그만 참지 못하고 소리내어 웃고 말았습니다.

"너희들 거기에 있었구나. 어떻게 올라갔지?"

"손바닥에 참기름을 바르고 올라왔지."

오빠는 호랑이를 골려주려고 거짓말을 했습니다.
호랑이는 부리나케 부엌으로 달려가 손바닥에 참기름을 잔뜩 바르고 와서 나무에 기어오르려고 애를 썼지만, 번번이 미끄러져 엉덩방아를 찧기만 했습니다.
"어이쿠 엉덩이야!"
호랑이는 너무 아파서 얼굴을 찡그렸습니다.
"저런 바보! 도끼로 찍어 발 디딜 자리를 만들고 올라오면 되는데…"

TT.

"Ha ha ha…"
"Ho ho ho…"
They couldn't help laughing because of his ridiculous action.
"There you are. How did you go up there?"
"We climbed the tree by pasting sesame oil on our palms."
The older brother told a lie to play tricks on the tiger.
The tiger rushed to the kitchen and applied sesame oil to his paws. He then tried to climb the tree but slipped and fell on his butt.
"Ouch, my butt!" the tiger shouted.
He grimaced his face in pain.
The younger sister said, "Stupid tiger, you can make a foothold using the axe …"

9장 드라마 영역

요즘 한류를 타고 한국의 드라마들이 많이 번역되어 외국으로 수출된다는 기분 좋은 소식을 듣게 된다. 대표적으로 〈대장금〉이 중국, 일본, 동남아 뿐 아니라 아프리카 대륙과 중동에서도 엄청난 인기를 얻었다고 한다. 그런데 이처럼 이질적인 문화권에서 〈대장금〉에 나오는 수많은 궁중의 장소명이나 관직명 등이 어떻게 번역되었을지 자못 궁금하다. 예를 들어 어린 장금이가 생각시 시험을 치면서 외우는 수많은 관직을 음가로 번역했을까? 아니면 그 의미로 번역했을까? 게다가 영상 번역인데 수많은 대사를 빼곡하게 자막으로 처리하기는 힘들지 않았을까? 그렇다면 어느 정도로 번역하고, 어떤 것을 생략했을까?

영상 번역은 그 의미를 전달하는 것도 중요하지만 효과적인 자막 작성도 고려하는 것이 중요한다. 영상 번역은 무엇보다도 간결하고 경제적이어야 하기 때문이다. 이런 점을 고려하면서, 특히 번역하기 힘든 역사 드리마 중에서, 〈뿌리 깊은 나무〉와 〈성균관 스캔들〉의 영상 번역을 점검해보자. 학생들이 한 다음 번역에서 문제점을 찾아보고 더 나은 번역으로 바꾸어 보자.

1. 〈뿌리 깊은 나무〉

ST.

모두 : 아이공 데이공 성화로다. 아이공 데이공 성화로다.
걸상 : 나무야 있는 덴 대패질 가고 님이야 있는 덴 눈까지 가누나.
모두 : 아이공 데이공 성화로다.
걸상 : 대패질은야 한두 번 하고 곁눈질은야 열두 번 하누나.
모두 : 아이공 데이공 성화로다.
걸상 : 하이얀 속곳에 걷은 소매
너 입기 좋고 나 보기 좋구나.
모두 : 아이공 데이공 성화로다. 아이공 데이공 성화로다.
꺽쇠 : 어허! 조용히 못 해! 주인마님이 영의정 되신 거지, 니눔들이 영의정이여? 왜 일들 안 하고 들떠서는 그러는 겨?
걸상 : 아 참말로 성님두…. 영의정이면 그냥 영의정이신가, 주상 전하의 장인에! 뭐야… 그… 주상 전하 고명인지 떡국인지 받으러 명나라로 떠나셨구…. 그 김에 우리도 좀 놀멘 쉬멘 하자니까, 뭐 어때예?
꺽쇠 : 미친눔…. 이눔아… 고려 적 개새끼가 조선 적엔 개새끼가 아니라드냐? 고려적 종이면 조선에서도 종이지. 우리가 뭐 달라진 거 있다고 놀구 쉬구여?

TT.

All :	Let's hurry with a song! Let's hurry with a song!
Gulsang :	If there is a wood we'll plane, if there is my lover we'll see.
All :	Let's hurry with a song.
Gulsang :	One or twice to do plane, ten times to do see.
All :	Let's hurry with a song.
Gulsang :	White underpants with rolled-up sleeves. It's good to wear and it's good to see.
All :	Let's hurry with a song. Let's hurry with a song.
Kugsse :	Lord became a prime minister. But we're not. Why you didn't do your work and just sing a song?

Gulsang: He's not just a prime minister. He's father-in-law of the king and… he went to China to be asked to do king's order. So, we can take a rest and enjoy.

Kugsse : Are you crazy? Is it same Goryeo's pup and Chosun's pup? Goryeo's slave is same as Chosun's slave. We are just same. So just keep your work!

ST.

심정 : 대체 무슨 소란들이야?

심정 : 주자학으로 나라를 일으키시려는 주상 전하의 뜻을 모르느냐?

심정 : 더욱이 국구(國舅 : 국왕의 장인)이시자 이 나라의 영의정이 바로 나의 장형(長兄 : 형의 높임말)이신 심온 대감이시다!

심정 : 응당 매질을 해야 하나, 인자의 마음으로 예를 가르치려 한다.

심정 : 똘복이는 일어나 걸상이에게 절을 하거라.

똘복 : 까짓거 합니다. 하지만, 예를 가르치실 것이라면 걸상 아재도 가르쳐 주십시오.

심정 : 그게 무슨 소리냐?

똘복 : 걸상 아재보다 우리 아비가 다섯 살 더 먹었습니다. 근데도 성님 소리는커녕, 매번 놀리고, 쥐어 팹니다. 이래도 되는 겁니까?

TT.

Simjung : What happened in here? Why do you make noise?

Simjung : Why you don't understand his majesty's intention? He will revive our nation with Chu-tzu.

Simjung : Moreover, he is father-in-law of the his majesty and prime minister of Cho-sun. He is my respectful brother, Shim On lord.

Simjung : You deserve to be beaten up. Mercifully, I'm going to teach you courtesy.

Simjung : Ddolbok stand up and bow to Gulsang.

Ddolbok : I can do that! However, if you are trying to teach me the courtesy, please teach Gulsang, too.

Simjung : What do you mean by that?

Ddolbok : Compared to Gulsang, my father is older than him. Even so, rather than calling my father brother, he even beats up my father frequently. Is it fine for him to do that?

ST.

조고 : 전하, 주상께서 정사와 공사를 헤아리지 못하시고, 지혜롭지 못하시니 참으로 걱정이옵니다.

태종 : 아니다. 작은 지혜나마 갖추지 않았더냐…

조고 : 예…?

태종 : 날 설득하는 지혜말이다. 주자도, 공자도, 그 어떤 고담준론도 날 설득치 못하느니라… 오직… 힘만이 설득할 수 있는 것이지…

태종 : 이도가… 그걸 깨달은 걸까… 허허…

조고 : 예, 전하. 주상께서, 유약하시다고만 생각했사온데,

태종 : 날이 밝는 대로 당장!

태종 : 내금위! 별시위! 우림위! 겸사복 궁내의 전 병력은 무장한 채, 강무장에 집결하라는 명을 전하거라!

조고 : 저… 전하…

태종 : 지엄한… 군령이니라!

TT.

Chogo : Your majesty, I'm very worried that sovereign can't distinguish political affairs from public affairs and has no wisdom.

Taejong : No, he actually has a bit of wisdom.

Chogo : What…?

Taejong : The wisdom of persuading me. Chutzu, Confucius and any other big words can't persuade me. Only strength can persuade me.

Taejong : Maybe Ido figured it out. Huhu…

Chogo : Yes, your majesty. I thought that sovereign was weak.

Taejong : As soon as the dawn breaks!

Taejong : Tell elite guards! officers of the corps! palace guards! all military strength in the palace that they should assemble being armed in the place of military training.

Chogo : Your majesty…

Taejong : It's my strict command of military.

ST.

조고 : 전하, 군령을 받들어 내금위, 별시위, 우림위, 겸사복 궁내의 전 병력을 모두 강무장에 집결토록 하였사옵니다.

태종 : 그래… 알았다…

조고 : 하온데…

조고 : 주상전하께서… 검서청에서 옥새를 가져가셨다 하옵니다.

태종 : 옥새를?

조고 : 예, 전하… 또한… 오마패(烏梅牌: 임금이 대신과 장수를 불러들일 때 쓰는 패)와 상아 패(象牙牌: 2품 이상의 문무관이 쓰는 호패), 전어도(傳御刀: 태조 이성계의 칼) 등을 가져오라 명하셨다 하옵니다.

태종 : 한심한 놈…

조고 : 예?

TT.

Chogo : Your majesty, all troops in palace are assembled at training ground.

Taejong : All right…

Chogo : But…

Chogo : His majesty just got the royal seal from library.

Taejong : The royal seal?

Chogo : Yes, your majesty… also summon plate, officer's nameplate, and noted sword were taken by order.

Taejong : Dipshit…

Chogo : Pardon?

ST.

조고 : 아니 되옵니다!

조고 : 전하! 빈 찬합을 주상께 보내시다니, 이는 자결을 명하시는 것이 아니옵니까!
태종 : 이도가… 총명하니, 그리 알아듣겠지?
조고 : 전하… 위무제가 문약에게 빈 찬합을 보내고, 문약이 자결을 한, 유명한 고사가 아니옵니까…
조고 : 전하, 그것만은 아니되옵니다!
태종 : 그리 알아듣고, 그리 한다면… 그 또한 어쩔 수 없는 일이 아니겠는가…

TT.

Chogo : Please think again, your majesty!
Chogo : Your majesty! Sending dish box with nothing means to kill himself!
Taejong : As Ido is smart, maybe he'll understand that way right?
Chogo : Your majesty… The story that Uimuje sent empty dish box to Munyak to suicide is famous…
Chogo : Your majesty! That's the worst thing that can happen!
Taejong : If he understand that way and do it… It's also cant' be helped…

2. 〈성균관 스캔들〉

ST.

윤희 : 재주는… 곰이 넘는 법이지요.
황가 : 돈은 왕서방이 받는다오.
윤희 : 정말 이렇게만 말하면 알아듣는단 말이오?
황가 : 그렇다니까. 자리표랑 용모화는 챙겨 왔소?
황가 : 선비님이 유생을 찾아가 그 답안지에 맘껏 실력 발휘만 하면 오늘 거사는 끝나는 겁니다. 일도 아니죠.

TT.

Yunhee : The bear does the tricks…
Hwang : And the owner gets the money.
Yunhee : So, If i say that, he will really understand?
Hwang : Of course. you already have the seat number and portrait right?
[A drawn portrait of a person, equivalent to a modern day photograph]
Hwang : You just have to go to his seat, and fill his paper for him. It'll all be over soon.

ST.

윤희 : 괜찮겠…소?
황가 : 뭐 염통 한구석에 걸려 있는 양심이라든가 뭐 그런 거?
황가 : 누가 요새 과거를 공부해서 보나… 쉿복으로 보지.
윤희 : 정말, 괜찮겠…소?
황가 : 뭐 혹시라도 걸리면 벌 받는 거 아닌가… 뭐 그거요?
황가: 걸리면 장이 백대… 운수 좀 사나우면 태가 이백 대.
황가: 그거 다 옛말 된지 오래요. 누가 잡어? 지들도 다 이렇게 올라간 놈들 인데… 가 보쇼! 무엇을 상상하든… 그 이상일꺼요.

TT.

Yunhee : Will it be okay?
Hwang : Are you talking about your conscience?
Hwang : Who even studies for entrance exams anymore. It's all cheating anyway.
Yunhee : Will it really be okay?
Hwang : If you get caught, are you worried about being punished?
Hwang : If you get caught, I heard you'll be beaten ten times. If you are unlucky, it could be two hundred times.
Hwang : All this was in the past! And who's going to catch you anyway, they all got in the same way. Whatever you're

thinking about, it's strange.

ST.

윤희 : 재주는 곰이 넘는 법이지요

윤희 : 재주는… 곰이 넘는다 했소.

선준 : 돈이야… 호인이 받겠지요.

윤희 : 호인—? 제법 문자를 아시오.

윤희 : 삼십 냥이오. 혹… 처음이오? 나도 처음이라 이해하오… 그래서 내 하는 말인데. 이 일은 선불이 법도라오. 삼.십.냥!

TT.

Yunhee : The bear does the tricks

Yunhee : The bear does the tricks right?

Sunjoon: The money, is taken by the Ho-In.

Yunhee : Ho-In? Wow, you actually have some literary talent. Thirty nyang. This… can't be your first time? This is my first time too. It's understandable. So I'll tell you this time. For these kind of things, you need to pay up first. Thirty nyang.

ST.

선준 : 이보시오!

윤희 : 살려 주세요. 가솔들을 책임지고 있습니다. 어려서 아비를 잃고… 제 힘으로 밥벌이를 해야 합니다. 그리고 집엔 오늘 내일 하는… 병자도 있습니다. 그러니…

선준 : 약 값도, 벌어야겠군… 그런 사연이 있었다니…

선준 : 부디… 개과천선 하시고 꼭, 새사람 되시게. 여기, 부정한 방법으로 과장을 욕보이는 자가 있소이다.

정약용 : 과장을 욕보이는 자라, 그게 누군가.

선준 : 저와 여기 과유들 그리고 영감이십니다

TT.

Sunjoon : Over here!

Yunhee : Please let me off this time. I still need to feed my family. I lost my father at a young age and I am feeding my family while trying to pay off debts. Also, there is a sick person in my house who needs long term care, so…

Sunjoon: So you need to earn money for his medicine. So this is your reason. I hope that you can turn over a new leaf, and be a new person. Here! There is someone here trying to defile the examination grounds with illegal means.

Jungyakyong : Someone defiling the examination grounds? Who is it?

Sunjoon: It is I, as well as all the students here, as well as yourself, sir.

ST.

선준 : 글을 파는 일이 수치인지도 모른 채 돈 벌이에만 급급한 이들이 그 첫째요.

선준 : 오로지 제 답지를 작성하는 일에만 골몰해 부정을 보고도 개의치 않는 과유들이 그 둘째.

선준 : 그리고 이를 그저 관행이다 여기는 모든 관원들 … 또한 이 모두를 주관하시는, 대사성 영감의 죄 또한 … 결코 가볍다 할 순 없겠지요.

대사성 : 저저런! 뭣들 하는가, 당장 저놈을 내치고 과장을 정리하지 않고서!

정약용 : 허면 어찌 처결하면 되겠나?

TT.

Sunjoon: Those who shamelessly sell their works, just for the sake of money, that is the first.

Sunjoon: Those that, only bury their heads in books and their own examination script, and pretend not to notice the unlawful happenings, that is the second.

Sunjoon: And, the officials who are used to this situation and the one overseeing everything. the Chief Exam Official is guilty too. It is undesirable and should not be tolerated.

Principal : You! You! This! Guards! Why aren't you taking him down, and cleaning up the exam hall?

Jungyakyoung : Then, how do you think we should settle this situation?

ST.

선준 : 먼저 시권과 호패를 비교하여 거벽과 사수를 모조리 내 보내야 합니다.

선준 : 하여 과장의 질서를 바로 잡은 다음 … 과거를 주관했던 관원들은 전하께 나아가, 모두 벌을 청해야 할 것입니다…

윤희 : 글 읽는 선비라 그 기개 드높으나
백성의 살림을 살피는데 어두워라.
글을 팔아 쌀을 사는 이가 도적이면
글을 팔아 권력을 사는 이는 충신인가.
이런 자에게 칼을 쥐어주면
그가 바로 사람 잡는 선무당.
큰 도적이 될 자가 있다 하면
그가 곧 나다.

TT.

Sunjoon : Firstly, check the scripts with the registered names. And remove the cheaters and replacement examination takers.

Sunjoon: After restoring order to the examination hall, all the officials that are overseeing the examination should appeal to their superiors, and confess to their sins…

Yunhee : A scholar that only knows words, and strong righteousness,
But falls to understand the lives of normal citizens.
If those who sell their words for food are considered as thieves,
Then are those who sell their words for power considered as loyal?

If such people are allowed to handle a blade,
Then he would be a knife wielding murderer.
If there is someone who could be a thief,
That person would be me.

부록

A. 번역학과 교과목

번역에 관심이 있는 학생들은 국내외 대학의 통번역대학원에서 더 깊은 공부를 할 수 있다. 통번역대학원에서는 영어의 4가지 기술, 즉, 듣기, 말하기, 읽기, 쓰기 등에 대한 집중적인 훈련을 한다. 졸업할 때는 통역과 번역의 전공을 나누어 자격증을 수여한다.

통번역대학원에 진학한 학생들은 다시 고등학교에 돌아가서 공부하는 기분이라고 할 정도로 시간과 노력을 들여서 공부를 한다. 특히 일정한 기본 표현을 외우는 것이 필수적이므로 기본 표현을 외우는 것에 많은 시간을 할애한다. 다음 교과목은 국내와 국외의 통번역 대학원의 번역 전공에서 개설되는 과목들이다.

1. 국내 A 대학 번역학과 교과과정

1) 기초번역(Basics in Translation)

이 수업에서는 비교적 간단하고 기본적인 내용의 텍스트를 활용, 번역 실무를 시작하기 위한 기본적 지식을 습득하고 기술을 익힌다.

2) 번역연습 A→B(Translation Practicum A→B)

한국어를 영어로 옮기는 번역의 실습을 위주로 하는 수업으로, 먼저 저난도의 텍스트로부터 시작하여 한국식의 논리전개 방식을 영어식으로 바꾸는 작업에 들어간다. 이렇게 재배열된 논리의 과정을 뼈대로 하여 영어 문장을 만드는 훈련으로 옮겨가고, 수업이 반복됨에 따라 논리적 복잡성과 문장의 수준을 단계적으로 높인다. 직역투와 한국식 영어(이른바 Konglish)를 배제하기 위한 교육도 병행된다.

3) 번역연습 B→A(Translation Practicum B→A)

이 과목은 위의 번역연습 A→B에서 영어와 한국어의 위치를 바꾼 것이 된다. 외국문학 또는 언어를 전공하거나 개별적으로 열심히 공부한 사람이 빠지기 쉬운 역어체(외국어를 직역해놓은 듯한 문체)의 함정에서 벗어나기 위한 훈련도 병행되며, 이 부분은 한국어 수업과 밀접한 연계하에 운영될 것이다.

4) 번역세미나(Translation Seminar)

번역세미나에서는 번역과 관련된 이론을 주로 다룰 것이다. 출발언어로부터 도착언어에 이르는 언어학적 과정이 언급될 것이고 이러한 이론을 뒷받침할 텍스트가 병용될 것이다.

5) 에세이 쓰기(Essay Writing)

다양한 주제를 대상으로 하여 글의 핵심적 요소를 논리적으로 전개, 발전시키는 능력을 함양한다. 이 과정에서 문장 구조, 어휘, 표현 등을 적절히 구사하는 훈련이 병행된다.

6) 문학번역 A→B(Translation of Literary Works A→B)

하나의 작품을 선정하여 학생이 번역본 초고를 만든 후 교수 및 동료 학생들과의 토의과정을 통해 수정, 개선함으로서 한국어 문학작품을 영어로 옮기는 능력을 함양한다.

7) 문학번역 B→A(Translation of Literary Works B→A)

위의 문학번역 A→B의 방향을 반대로 한 것으로, 학습목표와 방법은 같다.

8) 경제번역 A→B(Translation for Economics A→B)

경제, 경영, 무역, 외환 등 경제의 다양한 분야에서 사용되는 어휘나 표현을 연구함과 동시에 이에 관한 전문적 한국어 텍스트를 분석하고 이를 영어로 옮기는 능력을 함양한다. 수업에 쓰이는 텍스트는 원칙적으로 시사성이 있는 것이 선택되지만 원론 및 해설의 성격을 띤 텍스트도 사용된다.

9) 경제번역 B→A(Translation for Economics B→A)

위의 경제번역 A→B의 방향을 반대로 한 것으로, 학습목표와 방법은 같다.

10) 특수번역 A→B(Translation for Specialized Areas A→B)

법률, 과학기술 등 여러 분야에서 사용되는 어휘, 표현, 문장 구성 방식 등을 집중적으로 다뤄 학생들이 이들 분야에서 쓰이는 글(영문)에 익숙해지고 나아가 이들 분야의 한국어 텍스트를 정확하고 매끄러운 영문으로 바꾸는 능력을 함양한다.

11) 특수번역 B→A(Translation for Specialized Areas B→A)

위의 특수번역 A→B의 번역 방향을 반대로 한 과정으로, 학습목표와 방법은 동일하다.

12) 미디어번역 A→B(Translation for the Media A→B)

한국어로 음향처리가 된 각종 영상매체 (영화, TV 프로그램, 비디오 등)에 대해 영문으로 자막 또는 더빙용 텍스트를 만드는 능력을 함양한다. 미디어 번역은 길이 (글자 수)가 성패를 좌우하는 데다 거의 대부분 대중용이기 때문에 쉬운 표현을 써야 한다는 제약이 있으므로 이를 극복하는 훈련도 실시된다.

13) 미디어번역 B→A(Translation for the Media B→A)

위의 미디어번역 A→B의 방향을 반대로 한 것으로, 적용되는 원칙과 방법론은 같다.

2. 미국 B 대학 번역학과 교과과정

1) Basic Translation: Written and Sight Translation

Provides an overview of strategies for written and sight translation of a variety of text categories. Gives students the tools to identify, analyze and resolve translation problems and to develop a rational approach to the task. Working with a series of current texts, students explore concepts such as structural analysis, text typology, language usage and register, comparative stylistics, activation, nominalization, and transitional elements. Sight translation provides an opportunity for students to translate texts orally from one language to another with little or no prior preparation. Students are presented with language-specific problems of vocabulary and structure that they must solve instantaneously.

2) Commercial and Economic Translation: Written and Sight Translation

Offers students the opportunity to translate a variety of texts, with emphasis on current world economic and financial issues, international trade and business, economic forecasts, and joint venture agreements. Students learn to apply basic concepts of economics and business to real-world texts, thereby improving their command of the technical terminology of these fields.

3) Translation Proseminar

Reinforces the basic principles of translation taught during the first year with more difficult texts, and adds special emphasis on style, register, the specific demands of certain text categories, as well as theoretical discussion of translation choices.

4) Scientific and Technical Translation: Written and Sight Translation

Provides an overview of scientific and technical translation strategies. Students translate a variety of texts in fields such as medicine, biochemistry, environment, ecology, physics, and computer science, and learn to solve stylistic, syntactic, cultural and terminological problems. In the process, they are exposed to various types of technical writing found in journal articles, manuals, patents, and the like.

5) Translation of Political and Legal Texts: Written and Sight Translation

Focuses on political topics, with emphasis on controversial issues involved in international crises, cooperation, development, government structure; and on legal texts commonly requiring translation, including personal documents, contracts, treaties, and legislation. Students are exposed to different styles of writing and document structures. In sight translation, they learn to solve translation problems quickly while adhering to the style and tone of the original.

6) Advanced Seminar in Translation

Students are given texts of considerable difficulty and complexity. Topics are specific to the given language combination, with emphasis on a particular text category or a field of knowledge in which the demand for translation is high on today's market. Focuses on students' ability to submit camera-ready copy and to simulate the professional environment of translation.

7) Computer-Assisted Translation Management

Introduces principles of and techniques for managing large-scale multilanguage translation, publishing, and software localization projects. Topics include the make-up of the translation industry and community, machine translation, automation in the translation environment, terminology management, document management, typesetting, software internationalization and localization, project management, translation task breakdown and integration, and translators as independent contractors. Prerequisites: basic computer literacy, intermediate translation skills.

B. 참고문헌

곽성희. 『번역입문』. 서울: 이지북스, 2006.

골딩, 윌리엄. 『파리 대왕』. 유종호 역. 서울: 민음사, 2000.

김대진. 〈번역이론과 실제〉. 서울과학기술대학교. KOC(Korea Open Courseware). http://www.kocw.net/home/search/kemView.

김주영. 『객주』. 1부. 서울: 문이당, 1981, 2003.

김형옥·김윤정·신영숙. 『영화보다 재미있는 영화 번역 이야기』. 서울: 신론사, 2002.

김효중. 『새로운 번역을 위한 패러다임』. 서울: 푸른사상, 2004.

남성우. 『통번역의 이해와 수행』. 서울: 한국문화사, 2006.

디킨즈, 찰스. 『올리버 트위스트』. 윤혜준 역. 서울: 창비, 2007.

_______. 『데이비드 코퍼필드』. 김상근 역. 서울: 학원사, 1983~4.

_______. 『데이비드 코퍼필드』. 이기석 역. 서울: 을유문화사, 1965.

_______. 『위대한 유산』. 최옥영 역. 서울: 삼성출판사, 1989.

레더러, 마리안. 『번역의 오늘: 해석이론』. 전성기 옮김. 서울: 고려대학교 출판부, 2001.

롤링, 조앤 K. 『해리 포터와 마법사의 돌』. 김혜원 옮김. 서울: 문학수첩, 1999.

_______. 『해리 포터와 혼혈왕자』. 최인자 옮김. 서울: 문학수첩, 2005.

_______. 『해리 포터와 죽음의 성물』. 최인자 옮김. 서울: 문학수첩, 2007.

박옥선. 『영한 번역의 기초와 실제』. 김혜원 옮김. 부산: 전망, 2005.

베이커, 모나. 『말 바꾸기: 번역학 입문』. 곽은주 외 옮김. 서울: 한국문화사, 2005.

벨, 로저. T. 『번역과 번역하기: 이론과 실제』. 박경자·장영준 옮김. 서울: 고려대 출판부, 2000.

안정효. 『안정효의 영어 길들이기: 번역편』". 서울: 현암사, 2006.

_______. 『가짜영어 사전』. 서울: 현암사, 2000.

영미문학연구회 번역평가사업단. 『영미명작, 좋은 번역을 찾아서』. 서울: 창비사, 2005.

_______________________. 『영미명작, 좋은 번역을 찾아서 2』. 서울: 창비사, 2007.

유영난. 『번역이란 무엇인가: 박완서의 「엄마의 말뚝1」 영역을 중심으로』. 서울: 태학사, 1995.

윤선경. 「문학번역 연구 현황과 과제: 『엄마를 부탁해』 영역본 연구를 중심으로」. 『현대영어영문학』. 57. 3 (2013): 125-45.

이근희. 『번역의 이론과 실제』. 서울: 한국문화사, 2008.

이은숙. 『번역의 이해』. 서울: 동인, 2009.

______. 『번역의 기술』. 서울: 동인, 2011.

이재호. 『문화의 오역』. 서울: 동인, 2005.

이희재. 『번역의 탄생』. 서울: 교양인, 2009.

정호정. 『제대로 된 통역 번역의 이해』. 서울: 한국문화사, 2007.

조재범. 〈통역번역의 이론과 실제〉. 한국외국어대학교. KOCW(Korea Open Courseware). http://www.kocw.net/home/search/kemView.

최정화. 『통역번역입문』. 서울: 신론사, 2000.

최희섭. 『관광지 영어 안내판의 번역 오류』. 서울: 한빛문화, 2012.

캐더, 윌라. 『나의 안토니아』. 전경자 역. 서울: 열린책들, 2011.

콜리나, 소니아. 『번역교육: 이론과 실제』. 배만호 외 옮김. 서울: 동인, 2010.

헉슬리, 올더스. 『멋진 신세계』. 안정효 역. 서울: 원음사, 1991.

Austen, Jane. *Pride and Prejudice*. 김현숙 편. 서울: 경문사, 2012.

Defoe, Daniel. *Moll Flanders*. Harmondsworth: Penguin, 1989.

Dickens, Charles. *Oliver Twist*. Ed. Peter Fairclough. Harmondsworth: Penguin, 1966.

_______________. *David Copperfield*. Ed. & Intro. Trevor Blount. Harmondsworth : Penguin, 1966.

_______________. *Great Expectations*. Ed. Angus Calder. Harmondsworth: Penguin, 1965.

_______________. *Little Dorrit*. Ed & Intro. Stephen Wall and Helen Small. Harmondsworth: Penguin, 2003.

Golding, William. *Lord of the Flies.* 1954. London: Faber and Faber Ltd., 1981.

Hatim, B. and I. Mason. *Discourse and the Translator*. Longman: London and New York, 1990.

Huxley, Aldous. *Brave New World.* 김현숙 편. 서울: 신아사, 2010.

Rolling, J. K. *Harry Potter and the Sorcerer's Stone*. New York: Scholastic Inc., 1997.

__________. *Harry Potter and the Half-Blood Prince*. New York: Arthur A. Levine Books, 2005.

__________. *Harry Potter and the Deathly Hallows*. New York: Arthur A. Levine Books, 2007.

Shakespeare, William. *The Tempest.* Oxford: Oxford Up, 2010.

Shuttleworth, Mark and Moira Cowie. *Dictionary of Translation Studies*. Manchester, UK: St. Jerome, 1997.

Venuti, Lawrence. *The Translator's Invisibility.* London: Routledge, 1995.

김현숙

부산대학교 사범대 영어교육과를 졸업하고, 서울대학교 영어영문학과에서 석사와 박사학위를 받았다. 현재 수원대학교 인문대학 영어영문학과 교수로 있다. 풀브라이트 연구비로 미국 하버드대학교 영문학과와 학술진흥재단 해외파견교수로 미국 스탠퍼드대학교 비교문학과에서 방문교수로 연구한 바 있다. 저서로 『디킨즈 소설의 대중성과 예술성』, 『영미소설 속의 여성, 결혼, 그리고 삶』(2007년 학술원 우수학술도서 선정), 『영미문학 산책』, 『영국문화의 이해』, 『미국문화의 이해』, 『영미명작, 좋은 번역을 찾아서 1, 2』(공저), 『19세기 영어권 여성문학론』(공저)이 있다. 역서로 제인 오스틴의 『이성과 감성』, 찰스 디킨즈의 『황폐한 집』(편역), 『아시아계 미국 문학의 길잡이』(공역), 『인간 등정의 발자취』(공역)가 있다. 주석본으로는 *Bleak House, Brave New World, Emma, Pride and Prejudice*가 있다.

어떻게 번역할까?

영어 번역 이론과 실제

1판 1쇄 발행 _ 2016년 8월 10일
1판 2쇄 발행 _ 2020년 8월 10일

저 자 • 김 현 숙
발 행 인 • 정 현 걸
발 행 • 신 아 사
인 쇄 • 대명프린팅
출판등록 • 1956년 1월 5일 (제9-52호)
주 소 • 서울특별시 은평구 통일로 59길 4 (2층)
전 화 • 02)382-6411 · 팩스 02)382-6401
홈페이지 • www.shinasa.co.kr
E-MAIL • shinasa@daum.com

ISBN 978-89-8396-944-6(93740)

정가 *12,000*원